【卷首语】

多少个想不到？

　　现在的生活似乎变化太快了，我们还未熟悉一个节奏就切换到另外一个节奏上去，我们此前还热衷于MSN、QQ聊天，现在已经是微信盛行的时代；以前女士对于逛街似乎情有独钟，现实她们基本变成"懒人"和"剁手族"；以前我们还在为银行的服务叫苦不堪，现在已经是互联网金融时代了。

　　生活模式、技术进步和社会结构的变换使得我们的经济学面临了新的变化，经济研究似乎跑到了不经意的轨道上去。从课堂到现实，我们作为这其中的一个分子，我们已经有很多的想不到，生活远远比课堂更加的丰富多彩、复杂难缠。从彼时的研究到此时的实践，我们有了更多的想不到，理论远远比现实更加的苍白无力、淡薄乏味。全球金融危机的变化使得全球经济金融体系发生了诸多的变化，大大出乎我们的意料，使得我们应接不暇、顾此失彼、毫无头绪。

　　在金融危机的应对中，我们怎么会想到中央银行的最后贷款人竟然购买国债、企业债等资产？本来央行的公开市场操作是为了保证流动性，现在他们却在为企业和政府的资产负债表买单。在危机后的经济复苏中，我们怎么会想到始作俑者——美国的经济复苏反而更加有力，这边的风险独好？红极一时的新兴经济体、被殃及池鱼的欧元区、被吓坏的大宗商品，反而演绎了危机的真实故事。在危机后的政策应对中，我们怎么会想到负名义利率的出现？利率零极限被突破，是否带来货币政策框架的演变，是否导致货币政策传导的重构，我们不得而知。在全球经济总需求不足的时候，我们怎么会想到美元、美债、黄金以及大宗商品、股市等避险资产和风险资产齐头并进？甚至，经济陷入失去20年甚至更多的日元，却成了强劲的货币之一。

　　再回到中国，从银行赚钱赚到不好意思再到银行成为弱势群体，从余额宝的颠覆性影响再到E租宝的庞氏大骗局，从外汇占款引发极大的对冲压力到现在酸辣粉（SLF）、麻辣粉（MLF）等流动性管理工具实施，从流动性风险、股市非理性下跌、汇率波动再到熔断机制四日行，我们也是想不到？未来经济发展、政策变化、风险挑战可能有更多的想不到。不过，这为茶座的朋友们提供了很多谈资，喝茶的生活估计也会是想不到的有意思！

郑联盛为中国社会科学院金融研究所副研究员

经济学家茶座 | TEAHOUSE FOR ECONOMISTS

主　管　山东出版传媒股份有限公司
出　版　山东人民出版社
编　辑　《经济学家茶座》编辑部

本刊得到上海汇智经济学与管理学发展基金会资助

主　编　胡长青
执行主编　詹小洪
项目负责人　周云龙

编　委（按姓氏笔画为序）

王松奇	王东京	王振中	王瑞璞	冯兰瑞	刘 伟	刘方棫	刘国光
吴树青	汪丁丁	张卫国	杨瑞龙	林 岗	项启源	钟朋荣	洪远朋
洪银兴	胡培兆	赵 晓	荆林波	顾海良	梁小民	黄少安	程恩富
蔡继明

图书在版编目（CIP）数据

经济学家茶座. 第73辑/胡长青主编.—济南：山东人民出版社，2016.

ISBN978-7-209-10221-6

Ⅰ.①经… Ⅱ.①胡… Ⅲ.①经济学-文集 Ⅳ.①F0-53

中国版本图书馆CIP数据核字（2016）第282908号

山东人民出版社出版发行
济南市胜利大街39号
邮编：250001
http：//www.sd-book.com.cn
编辑部电话：（0531）82098901
Email：chazuo8903@126.com
微信公众号：cneconomist
书友QQ群：311957096
微博：weibo.com/sdpress
市场部电话：（0531）82098027　82098028
邮购电话：（0531）82098021
山东临沂新华印刷物流集团印装
2016年6月第1版　2016年6月第1次印刷
169毫米×239毫米　16开　11印张　160千字
邮发代号：24-180
定价：18.00元

目 录

| 卷首语 |
郑联盛　多少个想不到？／001

| 国是我见 |
张亚光　传统中国与经济周期／005
周　文　探索国富与国穷之谜／011
张　琦　社会医疗保险的效率与公平漫谈／017
陈强远　大城市的胜利／023

| 学问聊斋 |
刘瑞明　为什么经济学界的争论如此之多？／029
赵红军　经济社会科学中的倒U形关系／034
汪其昌　英美法系与大陆法系所有权的差异对资本形成的影响／038
刘彦初　金融期权风险对冲问题的研究与应用／044

| 学界万象 |
李井奎　台湾访学／047
王　军　经济学家和学术期刊／052
孙文凯　近年大学教师流动的原因与结果／058
冯　伟　张玉林　你怎么舍得我难过？
　　　　　　——对指导本科毕业论文的几点思考／063

| 生活中的经济学 |
包　特　小费的经济学分析／069
党　印　地铁安检面面观／071
朱　玲　父母照护中的相机抉择／075

| 经济随笔 |
徐康宁　闲话"工匠精神"／081

聂辉华　创业企业如何解决合伙人冲突难题？
　　　　——送给小木匠的企业理论之三 / 086
宋胜洲　科幻的经济学与中国经济之梦（四）/ 091
张卫国　语言与劳动力流动 / 095
李新荣　"虎妈"的通关之路可以不"变态"吗？ / 099

| 经济评论 |
陈　宪　精神至上是企业家的品格 / 104
周业安　太极拳演变中的经济学 / 109
辛　宇　李新春　徐莉萍　你的创始资金从何而来？ / 114
胡志安　陈思宇　价值观的沦陷
　　　　——来自互联网的冲击 / 118
孟　昌　"钱多人傻"吗？
　　　　——高价"拿铁"咖啡、消费者理性与政府管制 / 123

| 财经阅读 |
皮建才　关于新结构经济学数学化的几点思考 / 128
王　勇　新结构经济学中"有为政府"的改革含义 / 132

| 经济学人 |
王玉霞　润物细无声
　　　　——听熊秉元教授讲授法律经济学 / 134
欧阳峣　我见到的青木昌彦教授 / 139
周　勤　朱光伟　放松管制之父
　　　　——卡恩的生平和事迹 / 144

| 经济史话 |
杜恂诚　南京国民政府时期的统制经济 / 149
兰日旭　中国近代银行家群体的用人机制 / 155
黄英伟　私人账簿的经济史研究价值 / 161

| 他山之石 |
封　进　从里根经济学看养老保险改革困境 / 165
杜　创　账单里的美国医疗价格机制 / 168
李增刚　德国人"较真"精神的经济学思考 / 173

【国是我见】

传统中国与经济周期

张亚光*

随着经济全球化的不断深入，经济危机和经济周期已经不仅仅是经济学家们的专利话语，而越来越成为普通人谈论和关注的时髦问题。受到国内传统政治教科书的影响，许多人认为经济周期作为一种现象，是西方工业革命之后资本主义国家特有的社会弊病；作为一种理论，则言必谈基钦周期、朱格拉周期、康德拉季耶夫周期或者太阳黑子周期……那么问题就来了，经济周期真的是西方才有的事物吗？中国人对经济周期的认识真的都是来自于西方吗？

中国古代有没有经济周期？

现代经济周期研究中，通常将反映各行业运行状况的定量指标（如价格、成交量、开工率等）或定性指标（如预期、信心等）指数化，来反映经济或行业的景气变化。然而中国古代的情况极为特殊：首先是相对于西方近代以来的情形，中国古代政府尽管也十分重视经济数据的统计工作，但由于年代太过久远许多内容已经散佚，数据本身的数量和质量都无法保证；其次，中国古代总体上以农耕经济为主，货币经济直到唐宋之后才日趋发达，现代工业更是19世纪以后的事物。因而在相当长时期内，中国古代经济总量的波动是以农业产量的变化为证据的。从传统文献典籍的分析研究结果来看，中国古代的经济周期大致有以下三种类型：

第一，气候周期。俗话说，农民"靠天吃饭"。农业收成很大程度上受到自然因素影响。自然因素主要是指气候灾害，气候变动直接导致农作物收成变动，同时影响到灾害发生频率。农民对作物及耕作方式的选择也会因为气候变动发生变化从而间接带来收成的波动。例如：气候转暖使农作物生长周期缩短，熟制增加，

---

* 作者为北京大学经济学院副教授。

复种指数增大，亩产量提高。相反，气候寒冷会导致农作物生长期延长，影响熟制变化，造成粮食减产。此外，气候温暖湿润时水源充足，也有利于农作物种植面积的扩大。有研究表明，在其他条件不变的情况下年平均气温每降低1℃，粮食亩产量将比常年下降10%；年降水量每降低100mm，粮食亩产量会下降10%。严寒旱涝等灾害直接影响到中国古代自给自足的小农经济，大规模自然灾害会造成地区性饥荒，若政府处理不当还易由天灾引发人祸，出现灾民大量死亡、社会动乱等现象。

气候的周期性变化不仅导致农业产量的相应波动，还与古代王朝更替之间存在某种联系。汉元帝以后，西汉的气候进入了不稳定的低温期，比如汉成帝到王莽是西汉气温最低的时期。低温天气最容易对农业收成造成危害，连年灾荒与王莽篡汉的失败是不无关系的。到了东汉，经历了一段温暖气候期，但从汉桓帝以后气候再度恶化，不仅春夏气温低，而且寒暖失常。这一时期气候恶劣的程度仅次于成帝、王莽时期。在桓帝之后100年，东汉分崩离析，朝代发生更迭。朝代更迭又反过来作用于经济总量的波动，双重作用下造成了具有中国古代特色的气候政治经济周期。

第二，"司马迁周期"。在气候经济周期中，存在一个特殊的小周期。司马迁在《史记·货殖列传》中描述："岁在金，穰；水，毁；木，饥……六岁穰，六岁旱……十二岁一大饥。"这里采用的是岁星纪年法，结合了五行学说。岁星就是木星，绕日一周实际需11.86年。岁星在某个方位差不多是3年，金为西方，水为北方，木为东方，火为南方，十二年算一个周期。岁在金的3年丰收，岁在水的3年歉收，岁在木的三年饥荒，岁在火的3年旱灾。12年里再细分，其中6年会好一点，6年会差一点。很显然，司马迁提到的经济周期是以12年作为一个循环。除此之外，《淮南子》中有"三岁而一饥，六岁而一衰，十二岁而一康（荒）"，《盐铁论》中有"六岁一饥，十二岁一荒"，这些都可作为辅证。中国北方民间部分地区还流传着"牛马年，好种田"的农谚，从生肖排列上来看，"牛"年和"马"年刚好相隔六岁，也暗合了12年的周期。

"司马迁周期"与著名的"太阳黑子周期"（11.7年）有着惊人的相似。有学者对中国历史上112次黑子记录进行分析，得出过太阳黑子活动存在10.60 ± 0.43年周期的结论。另外有学者对中国古代记录的极光和地震进行自相关和频谱分析，发现两者均存在11年左右的周期，这与太阳活动的11年周期高度一致，证明了地震等地球物理现象的周期变化与太阳活动的周期变化有关，进而表明太阳活动的 11 年周期至少是近 2000 年来一直存在的。还有学者对西安长达 1724 年的旱涝变化序列进行研究，发现其接近于"十年一大旱"；也有学者依据树木年轮年表重建河南洛阳地区 750 年间降水变化序列，结果呈现出 11 年左右的振荡周期。司马迁完成《史记》大约四百年之后，公元三世纪肯索里努斯（Consorinus）的《论生辰》（De Die Natali）出现了这样一段话："这和十二年一循环的十二年岁周长短极其相似。其名为迦勒底年，是星历家由观测其他天体运行而得，而不是由观测日、月运行来的。据说在一岁周中，收成丰歉以及疾病流行等天候的循环，都与这种观测相合。"由此可见，"司马迁周期"是建立在科学观测与历史经验结合基础上的，其科学性和普遍性已经得到了东西方文献的印证。

《史记》书影

第三，"费正清周期"。费正清在观察中国两千多年的文明历程之后发现：各朝开国初期往往出现盛世局面，人口迅速增加，国库钱粮充足。然而万物盛极则衰。朝廷钱粮丰裕就开始大兴宫室、驿道、水渠和城墙。皇亲国戚、高官大员们的人数越来越多，但缴纳钱粮的人数则越来越少。支出不断增大而收入却相对减少，政府为了弥合财政逆差，只好增收赋税，结果往往使百姓们不堪重负。由于国库空虚，导致水渠、河堤年久失修，粮食歉收时节政府无力赈济灾民，结果饥馑横行，于是各地盗匪蜂起并最终爆发农民起义。军饷得不到保障，边境防守亦开始崩溃。各地军政大员纷纷拥兵自立，于是朝廷垮台。之后各方混战，吐故纳新，又开始新的一轮朝代循环。这是一个典型的制度政治经济周期。

台湾学者侯家驹为"费正清周期"提供了一个更具有经济学色彩的解释：中国传统社会的土地面积接近固定，技术亦为一定，所以在人口逐渐增加之时，劳动的边际报酬递减现象特别明显，以致必然发生马尔萨斯所言的"粮食成算术级数增加，人口成几何级数增加"的人口过剩问题。当人民难以生存时，必然铤而走险，盗贼丛生，动乱屡起。经过一番战乱，人口大为减少，致使人地比例大为降低，使单位土地所供养的人口大减，物质生活远比战时与战前提高，随而使天下太平。侯家驹已经意识到了"马尔萨斯陷阱"与"费正清周期"之间的关系，并进一步指出中国古代长期停滞于农业经济循环周期的深层次原因：历代政府追求的是大一统下的专制政体，不容许工商业作为潜在威胁者的成长，随而形成统制经济，使经济结构中农业一枝独秀。由于缺乏工商活力与科技突破，经济长期停滞于静态的农业社会，然而人口却一直增加，土地相对于人口总是不足。长期下去，人民生活必然仅能维系生存的低水平，极端情况下则铤而走险，形成一治一乱的相互循环。从中国古代的经验来看，在既定王朝内部的确存在着比较清晰的财政周期循环，而在外部的朝代循环方面，比较有代表性的唐、宋、明、清四朝都在三百年左右。

传统中国对经济周期如何认识和应对？

中国人可能是这个世界上最容易理解经济周期现象的种群之一。中国古代文明起源于地处北半球中纬度的黄河流域，春夏秋冬四季分明，先民很早就通过观察记录发现了自然界的规律，并将这种规律同人类社会的活动联系起来。农耕生产的进程，从春播、夏耘到秋收、冬藏，呈现出时间上的周期巡行，年复一年，归宿点后又回到了出发点。人们通过天文观测，还发现日月星辰有着比四季周期更长的循环运动规律。于是，中国古代的人们都相信万事万物就像农耕生产和星辰变化一样周而复始，循环不息，从而将循环看成是天地万物的法则，认定人事、社会、历史都难以超越这种周而复始的循环规律。

中国传统文化中，有关周期循环的神秘主义理论比比皆是：从《易经》衍生出来的太极、八卦都是圆周的运动，五行生克的起点和终点相叠合，十天干和十二地支都是描述植物从萌生到死亡的循环经历。天干地支的组合共有60种，又形成了以60年为一个循环的"甲子"周期。另外还有"五德终始说""三统循环说"等政治周期理论。这些都与中国古代特有的地理气候、生产方式、政治结构有着紧密的关联。尽管中国古代直接描绘出清晰经济周期的只有司马迁的《史记·货殖列传》，但上述这些带有浓重神秘主义色彩的周期循环论为中国人理解经济波动的规律性提供了最基本的思想工具。尤其是《易经》各卦内有关繁荣、衰退、萧条、复苏各阶段的形象表述和《道德经》里状态相互对立转化的哲学，深刻地阐释了经济周期现象的本质和运动规律，也使得中国人在数千年风雨的磨砺中早已习惯了各种周期现象，磨砺出了坚强的心理素质。

中国人不仅深刻地理解着经济周期，还用自己的智慧来应对经济周期。《管子》中体现的相机抉择思想和需求管理思想是中国古代应对经济萧条最先进的宏观理论。中国人既然深刻地理解了万事万物无时无刻不在变化的规律，就必然将其运用到政策管理之中。随机应变，以时行也，正是相机抉择的本质含义；《管子》的需求管理思想更是超越了中国古代所有学者和政治家对经济周期问题的认识水平，明确提出了利用奢侈性消费刺激需求和投放货币激活经济的政策建议。只是由于中国古代以农耕为主的经济结构和自然性经济周期的特点，以及受到"黜奢崇俭"意识教条的约束，这些建议并没有太多实践的机会。北宋范仲淹采用类似于凯恩斯主义的举措应对经济萧条的故事是中国古代历史上极少见的个例。因此，中国古代政府面临经济萧条时，所谓的需求管理也大多局限于"休养生息"和"兴修水利"这种较为简单的政策层面。

中国古代应对经济周期更主要的思路在于：既然经济具有明显的自然周期性质，农业产量的波动和粮价问题就成为关键。风调雨顺之时，粮食丰收，粮价一般会下跌；水旱灾荒之时，粮食减产，粮价一般会上涨。这种循环而又频繁出现的物价波动不仅对正常的经济活动带来很大影响，而且严重时会危及王朝的统治。《汉书·食货志上》有段经典论述："籴甚贵，伤民；甚贱，伤农。民伤则离散，农伤则国贫。"粮价太贵，对以买粮为生的百姓十分不利；粮价太贱，耕种粮食的农民就要吃亏。老百姓吃不起饭就要流离失所，农民无利可图国家就会贫困。如何对待粮价的涨跌，实际上就是如何平抑经济周期的问题。粮食同其他商品相比有着特殊的性质，最大的不同在于生产周期稳定且较长。在完全竞争的自由市场体系内，发生供需矛盾，尤其是由于受到外部冲击粮食减产供不应求时，单纯依靠市场力量往往无法迅速增加产出从而弥补缺口，这样就会带来饥荒和社会动荡。所以中国古代很早就出现了利用国家力量对粮食市场进行干预的做法。建立在"平籴平粜"基础上的"常平仓"制度是古代中国对世界经济理论的一大贡献。中国历代政府运用"常平仓"挽救了无以计数的百姓生命，度过了一个又一个的灾害周期。美国直到1900年后才发现了这个制度的巨大价值，并运用到了本国的农业经济政策中。更值得提及的是，由于现代资本市场的复杂风险，各国政府广泛使用"平准基金"（Buffer Fund or Intervention Fund）对证券市场的逆向操作，熨平非理性的证券的剧烈波动,以达到稳定证券市场的目的。这种逆向操作的思路正是来自于中国古代的"常平仓"制度。

经济周期波动的现象不仅引起了中国古代理论家和官员们的重视,也进入了商人们的视野。前文中提到的"司马迁周期",实际上是《史记》中借计然和白圭两人之口说出的。其中,计然有一位徒弟叫范蠡,是中国古代最负盛名的富翁。白圭更是被后人称为"治生之祖",中国商人皆奉其为祖师。他们遵循"人弃我取,人取我与"的致富法则和"旱则资舟,水则资车"的逆向思维策略,利用他们对经济周期的认识,进行了反周期操作,最终积累了巨额财富。

在自然界变幻莫测的伟力面前,人类何其渺小。《道德经》始终希望人们明白,我们所处的这个世界是不安全的,当一件事物走向巅峰的时候,同时也就意味着即将跌落谷底。要想不受到事物变化波动带来的伤害,就要采取柔弱、谦虚、知足、谨慎的处世方法。这样,即使危机到来时,人们也会有回旋的余地,并满怀信心地期待着下一个巅峰的到来。在经济周期面前,中国人既是保守的,又是乐观的。就像计然、范蠡和白圭等无数睿智的先辈们一样,无论发生旱灾还是水灾,无论是好的年景还是坏的年景,都不妨碍他们保持内心的安宁并从中觅得致富的良机。

探索国富与国穷之谜

周 文*

世界上邦国林立，为什么富的这么富，穷的这么穷，而且还有差距进一步拉大的趋势？更进一步的问题是，为什么看上去相似的国家，经济发展和政治发展结果却迥然不同？或者用罗斯托的话来说，这一切是怎么开始的？无疑，这是一个历史性和世界性的课题。但是，这样一个看似简单而恒久的问题，至今还没有令人满意的答案。

可以肯定，今天的世界比历史上任何时候都更富裕。但是与300年前相比，国与国之间的差距不是越来越小而是越来越大。公元1000年时，世界上最富和最穷地区之间的人均收入差距是1.1比1，现在是19比1。今天富国瑞士和穷国莫桑比克的贫富差距是400比1。

早在20世纪50年代早期，冈纳·缪尔达尔就呼吁全世界要注意这样一个显而易见的事实，即不管是在绝对意义还是相对意义上，富国正越来越富，而且致富速度远远超过穷国追赶的速度。总的说来，近几十年来，发达国家与不发达国家之间的差距正与日递增。问题似乎简单，既然有些国家穷而有些国家富，那么穷国照搬富国的发展道路，如法炮制富国的发展措施和发展模式不就实现赶超的目标了吗？回顾历史，确有不少国家是如此，但是大多数国家并不成功，成效也不显著。

事实证明，富国之所以富，穷国之所以穷，其问题远比表面要复杂得多。首先，富国的成因，至今还没有达成共识；其次，即使有共识，每一个国家的地理、文化、资源、历史都要不尽相同，同样的办法未必在不同的国家产生同样的效果，所谓"橘生淮北则为枳"；其三，尽管从研究上致力于国家富裕的理论和学说较多，但是至少目前为止，还没有提出一套具有操作性又具有广泛适用性的通用方案。

---

* 作者为复旦大学中国研究院副院长，教授。

一、中国：曾经的辉煌与今日的复兴

历史上的中国最为早熟，在相当长的时间里，中国是世界上发展最成功的国家。早在公元600年左右，中国唐朝对广泛兴起的全球贸易起到了至关重要的作用，麦克尼尔说，中国的繁荣、商业化，就像一个巨大的风箱煽起了一种新兴的全球经济的火焰。中国在公元6世纪时就差不多拥有了英国在18世纪和19世纪农业革命相关的所有成就。那时说中国处于今天美国、西欧的地位，而欧洲处于摩洛哥的地位一点也不夸张。18世纪前欧洲原始的、惨淡的农业，与公元前4世纪以后先进的中国农业简直是没有可比性的。如果用人均GDP来衡量，700年前的中国是地球上最富最发达的国家。

正是这样的历史场景，使得亚当·斯密在1776年出版的《国富论》中对中国大加赞赏：中国比欧洲任何国家都富裕。更早些时候，在马可·波罗的眼里，中国就是西方人羡慕的天堂。在8世纪，长江上约有2000条船只航行，运载货物总量约相当于1000年后的英国运载货量的1/3。马可波罗估计在长江下游有1.7万条船只在航行。

大约在公元1000年，中国人改进了磁铁罗盘并用于航海；公元1045年左右，宋代中国人毕昇发明了活字印刷术。当时开封是中国的中心，也是世界的中心。在宋代，开封作为帝国之都，有上百万的人口，相比之下，伦敦仅有15000人。著名的《清明上河图》其实就是通过一幅画直观地炫耀着历史上开封的壮丽与辉煌。从另一个角度看，宋朝经济的奇迹不是中国历史上的一个孤立事件，它反映和展示的是中国历史上对西方的领先与超越。正是中国经济发展的辉煌成就，才激起了无数西方人士对中国向往。应该说，如果没有对中国的向往，就不会有后来的哥伦布发现新大陆，哥伦布直到去世都仍然固执地认为，他到过的地方是中国。

18世纪末，中国人均收入约与1750年的英国相当，国民生产总值和1850年的英国一样高，直到1860年，中国占世界生产总额的比率都高于英国。按照麦迪森的说法，1820年中国的GDP占世界的GDP总量30%，相当于整个欧洲的总量。到1750年为止，中国的领先地位仍然是显而易见的，它占据着世界制造业产量的33%，是英国的1600%，直到1830年时，西方才超越中国；1860年时，英国才与中国并驾齐驱。所以霍布森有一句中肯的评价，相对于中国成熟的发展水平，后来的英国只是标准的新兴国家。如果没有中国早期的贡献，英国很有可能至今还是一个渺小而落后的国家，游离于一片同样落后的欧洲大陆边缘。

然而，在历史长河中，中国没能保持住领先者的优势，中国与西方在19世纪开始出现"大分流"，并且两者之间的距离在200年多前开始越拉越大。这不仅体现在GDP的总量上，更体现在人均GDP上。

研究显示，到20世纪初，中国GDP占世界总量的比例跌至13%；到了改革开放的前夕，甚至还不到5%。改革开放后，这个比例又再次回升到大约15%。现在，中国已成为世界的第二大经济体。按照经济学家的预测，以中国目前的增长潜力和增长空间，大约在2030年，中国可以超越美国成为世界第一大经济体。

二、国家兴衰，潮起潮落

让我们的视野暂时跳出中国，审视全球其他地区的过去和今天。11世纪的非洲和欧洲的人均GDP还旗鼓相当，但是之后资源丰富的非洲大陆，特别是撒哈拉以南地区，却长期处于贫穷和落后。同样在中东，以色列人把自己称为"上帝选中的人"，虽然上帝并没有给以色列更多的"关照"，以色列自然资源极其短缺，但是丝毫不影响其经济繁荣。

西班牙在16世纪的"黄金时代"，其领地遍及世界，被誉为"日不落帝国"（英国只是第二个荣膺"日不落帝国"的国家）。按照麦迪逊的数据，在1500—1600年，西班牙的人均收入从661美元增长到853美元，增长率为29%。但也是短暂的光辉，过眼云烟。1700年，荷兰GDP比英国高40%；1820年，德国的经济实力只是英国的2%，1938年就与英国经济实力相当。曾经的莫卧儿王朝不可一世，却最后沦落为英国的殖民地；曾经辉煌的吴哥王朝今天早已不见踪迹；就是在20世纪五六十年代，柬埔寨在亚洲排位也是可圈可点，新加坡立国之初曾向柬埔寨学习，今天却变成典型的欠发达国家。

传统经济学理论强调土地、劳动力、资本是经济增长之源。但是对于20世纪各国经济增长的实证研究表明，资源丰富的国家一般都比较贫穷。俄国幅员辽阔、资源丰富，却从来都没有进入过富国的行列。俄国的天然气、煤炭储量分别占到世界的40%和50%以上，都是世界首位；俄国石油储量占世界的1/3，仅次于沙特阿拉伯，居世界第二。但是，根据安格斯·麦迪森按1990年购买力国际元计算，

1998 年西欧人均 GDP 的平均数是 17921 元,而俄国只是 3893 元。同样,委内瑞拉、伊朗等石油大国,发展状况也没有想象中的好。整个非洲,资源极其丰富,拥有大量的钻石、矿藏,却一直在贫困线上挣扎。与此相反,新加坡是一个被马来西亚抛弃的岛屿,卢森堡、瑞士这样的小国,什么资源都没有,却有着较高的国民收入。

在美洲,美国从 1776 年建国至今只有 200 多年的历史。今天美国的 GDP 总量接近世界的 1/3,而美国人口大约只是世界总人口的 5%。事实上,美国的腾飞是很晚的事情,一直到 19 世纪末至 20 世纪初,美国才挤上发达国家的列车,呈现出勃勃生机。

如果说美国有得天独厚的地理位置,那么我们又如何解释与美国接壤的墨西哥和同样处在美洲的阿根廷的落后情况呢?麦迪森按 1990 年国际元计算,1770 年墨西哥的人均 GDP 大约是 568 元,美国只是 527 元。可是到了 1998 年,墨西哥是 6655 元,而美国则是 27331 元。1913 年,阿根廷与美国还处在同一起跑线上,人均收入为 4000 美元。可是,100 多年后的今天,美国是 40000 多美元,阿根廷却仍然在缓慢的经济增长中挣扎。阿根廷的百年历史,印证了经济学上的"资源诅咒"学说,有时候资源过于丰富,反而失去了增长的动力。更为经典的事例是,阿西莫克鲁、罗宾逊在《国家为什么会失败》中开篇就讲到一道栅栏将诺加利斯分成美国的诺加利斯和墨西哥的诺加利斯。同一个城市的两个地方,地理、气候上毫无差异,甚至两个地方流行的疾病都没有差别,具有共同的祖先、相同的饮食文化结构以及相同的音乐。但是,经济发展却出现惊人的差异。

三、国富国穷的逻辑

什么因素支撑着中国作为世界上唯一的从辉煌走向衰落,又从衰落走向复兴的国家,而又是什么原因使西方能够在漫长的 16 世纪逐渐赶超中国,并在 19 世纪横扫世界、所向披靡,然而今天又再次面临经济困境,陷入危机与动荡?这其中有什么历史经验与教训需要吸取?

首先,作为现代化的先行者,西方的道路是否就是后来者所应该遵循的道路,或者说现代化只有西方一个模式?

福山曾信誓旦旦地宣称历史的终结,撒切尔夫人也声称"别无选择"。于是,在世界的另一个角落,以东欧国家为代表开始了资本主义发展模式的探索之旅。但是其结果并不令人满意,甚至状况越来越糟糕。南联盟解体,匈牙利一蹶不振,曾经不可一世的苏联解体成独联体,俄罗斯至今衰退势头持续,看不到恢复的征兆。

想当初,苏联曾与美国并驾齐驱成为当时的超级大国。现在苏联解体25年后,俄罗斯人又变回了穷人。而且,穷得超乎你想象。俄罗斯总统国民经济和公共管理学院预计,2016年,将有50%的俄罗斯公民,也就是大约7000万人成为穷人,早前预期是30%;2015年,这一数字是15%,即大约2100万人。

另一个事例就是印度。1947年,印度独立时,人均收入水平是中国的两倍。但是,印度立国之初就坚定其"西方模式之旅"。长期以来印度经济发展极其缓慢,几乎停顿,被称为"教徒式增长"。1978年时,印度与中国经济基本持平,只是到了近几年,印度的经济才发展迅速,势头强劲。但仍然与中国有着较大的差距。

其次,市场化真的是一国富强之本吗?

一个流传甚广的观念就是,李约瑟之谜的回答。近代以来中国之落后,在于中国出现了资本主义的萌芽,而没有形成良好的市场经济制度,从此长久的闭关锁国将中国从前进的列车上甩掉。事实上,将经济发展的动力归因于市场和市场经济的体制,这是毫无根据的臆断。

市场是经济交换的场所,其本身并没什么神秘之处。市场规模的扩大,可以推动分工的深化,从而提高劳动生产率。但是我们也不要忘记市场给经济带来的问题:过度竞争与经济无序。而历史上的中国,恰恰就是这样一个经济无序而缺乏治理的市场经济,或者说是市场经济的另一个极端,从而抑制和制约了技术创新和技术革命。

马克思在《共产党宣言》中强调,市场总是在扩大,需求总是在增加。大工业建立了由美洲的发现所准备好的世界市场。资产阶级,由于它开拓了世界市场,使一切国家的生产和消费都要成为世界性的了。资产阶级挖掉了工业脚下的民族基础。古老的民族工业被消灭了,并且每天都还在被消灭。

同样,当年孟德斯鸠的告诫,至今仍发人深省。他说,依仗商贸建立的强国只能昌盛一时,而在长时间中则呈现平庸状态。这些强国崛起是毫不引人瞩目的,因为它们悄无声息,不露形迹。一旦到了谁也无法对它们视而不见时,人人都试图剥夺它们的优势,这种优势可以说是以始料不及的方式取得的。

因此，美国学者保罗·罗伯茨在《自由放任资本主义》中提醒中国，如果中国的决策者们误以为，迈向自由市场经济就是中国经济腾飞的原因，那么中国迟早要像今天的美国和欧洲那样，面对同样的失败。这些事实说明，中国经济发展仍然要避免过度市场化的"海妖之歌"诱惑，坚定走中国特色道路才会越来越繁荣。

最后，国穷国富的逻辑在于国家治理能力与治理体系的超越。

从近代1840年鸦片战争以来，普遍的认识就是中国之所以落后，是因为西方船坚炮利。因此，中国要赶超只能是向西方学习，拜西方人为师。所以"西学东渐""师夷长技以制夷"成为超越西方的"不二法门"。一百多年来，中国最后的实践和得出的结论是这条道路走不通，也不可能走向强盛，正如毛泽东在《论人民民主专政》中指出："为什么先生老侵略学生呢，中国人向西方学了不少，但是行不通，理想总是不能实现。"

进入文明史以来，经济的发展总是在以国家为主体的推动下得到不断进步，无论是西方世界的兴起，还是东方世界的赶超。事实上，国家治理体系与治理能力的兴衰永远是经济发展变动的主线。公元前221年，秦始皇统一中国，以郡县制代替分封制，实现了中国在国家治理体系和治理能力上对西方的第一次超越，才使中国在隋唐时期后的1000多年中领先于世界。与此相反，从公元11世纪开始的欧洲文艺复兴，西方世界不断反省自身的发展，不断重塑新的治理体系和提升治理能力，西方世界才逐渐开始兴起，直到19世纪全面超越东方。正是在这种背景下，西方的治理体系被视为国富之道。由此，进入近代以来，不断被东方模仿和学习，"西学东渐"仿佛成为国家富强的唯一途径。现在来看，这条道路，没有一个国家成功过。

今天，作为21世纪的中国在发展上再次实现对西方的超越，表明西方面临的危机不仅仅是发展的危机，更是治理能力和治理体系的危机。没有国家治理能力和治理体系的超越，也就不可能有经济发展的超越，这也是近代中国无数志士仁人致力于"西学东渐""师夷以制夷"终不能成功的内在根本原因。

【国是我见】

社会医疗保险的效率与公平漫谈

张 琦*

社会医疗保险中的"社会"二字，意味着它具有强制性参保的特点；相比之下，自愿参加则称为商业医疗保险。经济学论证医疗保险政府干预的必要性，通常的理由是"逆向选择"，即投保人对保险公司具有信息优势，愿意购买医疗保险的人往往是健康状况较差的人，于是保险公司为了在精算平衡的基础上赚取利润，就只能进一步提高保费，而高保费吸引来的则是健康状况更差的人……最终，导致"医疗保险"市场自发提供不足，甚至完全无法提供，因此需要政府干预。当然这只是理论推演，现实中商业医疗保险也并非完全不能发展。发达国家中，政府对社会保障领域干预程度最低的当数美国，但美国目前的商业医疗保险仍然占据全部医疗支出的1/3。而且，也有一种观点认为，愿意购买医疗保险的人往往也是对自己的健康更在意的人，由于他们更加注重保持身体健康，从而降低了保险公司面临的理赔风险，这种机制被称为"正向选择"。"正向选择"在一定程度上抵消了"逆向选择"的作用，因此商业医疗保险仍有发展的空间。

提供效率和经办效率

如果"逆向选择"导致医疗保险的市场自发提供不足，那么政府介入就是帕累托改进的。因此笼统地说，医疗保险市场的政府干预可以保证有效率的均衡结果。当然干预的形式有多种，并非一定要政府亲自实施。政府可以通过立法要求人们必须参加社会医疗保险，而提供社会医疗保险的主体则可以交给各种社会组织和民间机构。事实上，社会医疗保险中的"社会"二字，除了有强制参保的含义外，其本意就是由"社会"而不是"政府"来提供医疗保险。社会保障由"社会"来

---

* 作者为中国社会科学院经济研究所副研究员。

承担的典型代表是德国。作为现代社会保障制度的发源地，德国的社会养老保险、社会医疗保险等，从 19 世纪末诞生开始，就是由社会组织和社会机构经办和管理的；政府负责相关政策的制定和监管，但无权干涉这些社会机构的日常运营。这样的制度安排，在我国通俗地称为"管办分开"。如果说政府干预能够确保医疗保险的提供效率，那么"管办分开"则更有利于实现医疗保险的经办效率。

而我国目前包括社会医疗保险在内的社会保障，既是由政府提供，也是由政府经办的，虽然"管办分开"的提法喊了很多年，但进展仍十分缓慢。其中的原因主要在于，经过计划经济时期"国家—单位—个人"的治理结构，真正意义上的"社会"在我国是缺失的，或者说长期以来"单位"扮演了社会的角色和功能；而在市场经济条件下，原有的"单位制"虽然逐步走向解体，但社会组织和民间机构的发育和成长尚需时日。当前大力倡导的"政府购买服务"，实质上就是希望包括社会保障经办业务在内的大量公共服务，由真正的"社会"而非政府来承担。但我们在调研中发现，有些地方政府虽然乐于推进政府购买服务，却发现并无合适的社会组织来承担，因此不得不拿出专项财政资金，来支持社会组织和机构的发展。另一方面，若非社保资金（包括医保资金）出现亏空的压力较大，地方政府往往并无足够的激励来推动社会保障业务的"管办分开"。

两个层面的公平性

作为现代社会保障制度的重要内容之一，社会医疗保险的"公平性"至少应该从两个层面来理解。第一个层面是"广覆盖"，即社会医疗保险的覆盖范围是否足够广泛。无论是遵从阿玛蒂亚·森的"可行能力"原则，还是按照"国民待遇"原则，"全民参保"都是公平性的题中应有之义。应当说，大家对这一层面的公平性基本能够达成共识。第二个层面的"公平性"在于，整个社会医疗保险制度不能出现系统性的反向再分配，即不能出现系统性的"穷人补贴富人"现象。而我国的基本医疗保险制度，在这一层面的公平性上仍有较大的改进余地，当然，其中涉及的利益冲突和争论也较多。

讨论社会医疗保险是否存在系统性的反向再分配，须从缴费和服务（筹资和待遇）两方面综合考虑。当存在医疗保险时，即便所有投保人都缴纳同样的保费，他们最终得到的医疗服务也不会完全相同。从事后来看，健康状况较好的投保人补贴了健康状况较差的投保人。这一点，对社会医疗保险和商业医疗保险而言都是成立的。但在商业医疗保险中，即便投保人事后得到的实际医疗服务价值小于其缴纳的保费，也不能说他"吃了亏"；因为在边际条件下，他缴纳的保费恰好等于精算公平保费与风险溢价之和。如果投保人觉得"吃亏"，他完全可以退出该商业保险计划；从而，最后的均衡结果必然是"精算公平"的。因此，一般来说商业医疗保险不会造成系统性的再分配。

相比之下，社会医疗保险由于其强制性即"不可退出"的特点，往往不可避免地带有再分配因素。不过，如果再分配是"正向"的，即"富人补贴穷人"，则通常认为这是"正当"的。实际上，很多人认为"正向再分配"本就应当是社会保障制度的目标之一。正是在这一意义上，社会保障被认为具有"福利"色彩；社会医疗保险也不再是单纯的"保险"，而是具有了"福利"属性。但不管怎么说，社会医疗保险即便没有"正向再分配"的效果，至少不应该出现劫贫济富即"反向再分配"的现象。效果究竟如何，不妨来考察它的缴费和服务。

"反向再分配"

先来看缴费环节。目前我国的基本医疗保险包括三个板块——城镇职工医疗保险（城职保）、城镇居民医疗保险（城居保）和新型农村合作医疗（新农合）。其中，城职保最接近真正的"保险"，即医保资金几乎全部来自参保人的缴费，同时每一位参保人都享有使用这笔资金的权益。而城居保和新农合，由于涉及较多的财政补贴，从而更具有福利色彩，关于这两个板块稍后再说，现在首先分析城职保。

按照我国现行的社保缴费制度，城职保的缴费以劳动关系为依据，由用人单位和个人共同分担，总费率大约为8%—10%，即工资的8%—10%用于缴纳医疗保险。其中，用人单位大约承担6%—8%，个人大约承担2%。不过，分担比例其实并不重要，如果劳动力供给的弹性很小或者完全无弹性，那么不论在单位和个人之间怎样划分比例，最终的缴费归宿基本都会落到个人头上。从形式上看，医疗保险费率类似于比例税制，即所有人都按照同样的比例缴纳保费。但问题在于，我国现行的医疗保险缴费基数（类似于税基）存在一个上下限，即当地社会平均工资的60%—300%；工资低于社会平均工资60%的，按照60%计算；高于300%

的，按照300%封顶，超出部分不再缴费。这样一来就意味着，基本医疗保险的缴费事实上是累退的（regressive），即随着工资收入的增加（超过社会平均工资300%），医保缴费占工资的比重最终是下降的。有人提出，绝大部分参保人的缴费基数都位于社会平均工资60%—300%的区间内，低于60%和高于300%的只是少数，因此医保缴费总体上仍是比例税制，累退性并不严重。这样的说法理论上是成立的，然而现实远没有这么乐观。事实是，许多用人单位都按照最低缴费标准为员工缴纳社保费，包括医疗保险；也就是说，用人单位并非按照员工的实际工资进行缴费，而是低报、瞒报了工资水平。用人单位这样做的动力类似于逃税，我们很容易理解，但为什么员工也愿意配合呢？原因在于，员工也有激励通过低报工资水平来逃避个人所得税和社保缴费。因此，企业和员工就有激励进行合谋，通过签订"阴阳劳动合同"等途径，按照低于实际工资水平的基数缴纳社保费。而我国目前的社保审计制度，远不足以保证企业按照实际工资水平足额缴纳社保费。而且，地方政府为了招商引资发展经济，往往对本地企业逃避社保缴费采取默许的态度，甚至将其作为一项事实上的"优惠政策"。有人粗略估计，目前按照当地最低标准缴纳社保费的企业和个人，其比重高达70%。因此，如果考虑到社保缴费基数低于实际工资水平这一事实，那么基本医疗保险缴费环节的累退性就大大增强了。按照税负公平的"支付能力"原则，医保缴费的累退性就意味着"穷人负担重、富人负担轻"，这无疑是一种"反向再分配"。

再来看医疗服务环节。医疗保险的报销规则虽然繁杂且各地不尽相同，但基本的框架有两点：起付线和报销比例。也就是说，患者通过医疗保险报销医药费时，首先医药费用要达到一定额度才能报销，这就是起付线；其次，超出起付线的部分，按照某一比例以医保资金报销，这就是报销比例。但无论是起付线还是报销比例，对不同收入水平的人都是一样的，不会为"穷人"降低起付线，或提高报销比例。因此就不难推断，与"富人"相比，"穷人"更容易被"起付线"这一门槛挡在外面；超过起付线的部分，"富人"有能力负担更高的自费部分。而且，医疗服务是一种"正常商品"，即医疗服务需求的收入弹性为正，那么"富人"在购买医疗服务时，就没有激励低报自己的收入。举例来说，假设起付线为500元，超出部分报销比例为50%；再假设，报销前"穷人"的医疗费为800元，"富人"的医疗费为2000元；报销后，"穷人"实际支出500+（800-500）×50%=650元，"富人"实际支出500+（2000-500）×50%=1250元。从实际支出来看，"富人"

的支出仍高于"穷人";但"穷人"只享受了150元的医保资金,而"富人"则享受了750元医保资金;而从报销部分与实际支出之比来看,"穷人"的比例是150/650=23%,"富人"的比例是750/1250=60%。很容易看出,面对同样的起付线和报销比例,花钱越多,享受医保资金的"好处"就越大。因此总体上讲,如果把所有的患者分为"穷人"和"富人"两个分组,"富人"从医保资金中得到的"好处"大于"穷人"。这就意味着,在基本医疗保险的医疗服务环节,同样存在"反向再分配"。

因此,综合考虑医疗保险的缴费和服务(筹资和待遇)两个环节,就不难得出这样的判断:目前我国基本医疗保险中的"城职保"板块,存在系统性的"反向再分配",总体上"穷人补贴了富人"。须指出的是,前述第一层面的公平与第二层面的不公平并不矛盾。基本医疗保险的"广覆盖",当然对"穷人"有"好处",但这种"好处"并非来自"富人",而是由于其他"穷人"也加入了医疗保险计划,通俗地讲,"穷人"从"广覆盖"中得到好处本质上是源于"穷帮穷";但作为一个整体,"穷人"从基本医疗保险中的受益小于"富人"。

税收累退性与"财政兜底"

如果在城职保板块的医保资金中投入财政资金,是否有助于降低"反向再分配"程度?可以说,在我国目前的财税体制下,通过财政投入的形式补贴医保资金,恐怕只能加剧而不能缓解"反向再分配"。原因在于,我国目前以间接税为主的税制结构,总体上具有累退性,即"穷人"的税负高于"富人"。这一点不仅是理论推断,而且已有实证研究得出结论。前面说过,城职保缴费环节本身就具有累退性,而以间接税为主的税收收入,其累退性可能要比社保费更严重。如果财政资金的主要来源是税收收入的话,那么,以同样具有累退性,甚至累退程度更强的税收收入来补贴城职保板块的医保资金,不仅不能缓解,甚至还会加剧它的"反向再分配"效果。

基本医疗保险的另外两个板块,城居保和新农合,是否存在"反向再分配"呢?应当说基本不存在。原因在于,如果我们承认农民、学生、城镇无业居民总体上属于低收入群体,那么主要以间接税融资的财政收入来为这两个板块筹资,充其量是一种"劫贫济贫",也就是"穷帮穷"。

其实，社保缴费环节的累退性，在发达国家也很难避免。例如，与我国的社保缴费类似，美国用于为社保养老金和老年医疗计划（Medicare）筹资的主要来源之一是工薪税（payroll tax），而工薪税总体上也是累退的。美国工薪税的税基也存在一个上限（2014年为年薪11.7万美元），工资收入在这一限额以下，适用税率为15.3%（2.9%为Medicare税率，12.4%为养老金税率，皆为雇主和个人对半分担）；工资收入在这一限额以上，只需按照2.9%的税率纳税，即只需要缴纳Medicare部分。由于税基存在上限，因此工薪税总体上也是累退的。当然，如果只看医疗保险缴费即Medicare的税负，2.9%的税率适用于任何收入水平，上不封顶，因此这是一种比例税制。不过自2013年开始，美国社会保障部门要求年薪超过20万美元的个人额外缴纳0.9%的工薪税，这样一来，Medicare的税率也就具有了一定的累进性。

包括社会医疗保险在内的整个社会保障制度，总体上应该具有一定的福利色彩，即具有"正向再分配"的效果。至少，应坚决避免"反向再分配"。但在我国目前以间接税为主的税制结构下，对社会保障领域"加大财政投入"却未必能够保证"福利化"，甚至极有可能拉大而不是缩小贫富差距。就基本医疗保险领域而言，从公平角度出发，如果一定要"加大财政投入"或者"财政兜底"，那么也应该投入到城居保和新农合板块，而不能投入到城职保板块。理论上讲，对于主要靠社保缴费融资的城职保板块，采取累进缴费率应能够缓解"反向再分配"程度，但在我国目前的社保审计制度下，恐怕很难保证其实施。要从根本上避免包括基本医疗保险在内整个社会保障的"反向再分配"，必须使整个税收体制从间接税为主转向直接税为主，并且适时开征具有累进性的财产税、遗产税等税种。理论和实践都表明，这是通过财税途径抑制贫富差距的必要（非充分）条件。

【国是我见】

大城市的胜利

陈强远 *

2016年6月,笔者回地处湘北的县一中母校高招宣传,见到了仍坚守在教学一线的班主任。十多载未见自然免不了一阵寒暄,在交谈中班主任感叹道,班上的高分考生在填报志愿时普遍将北京、上海等大城市作为首选,这种趋势比十年前更加明显。这在现实中并非个例,毕业生高考填报志愿时"扎堆"大城市的现象很常见。而相比于个人在城市选择中的"大城市情节",企业在选址时的"大城市情节"更加严重:无论是从跨国公司总部布局还是新创企业选址来看,大城市在吸引企业方面有着巨大的优势。

美国哈佛大学经济学教授爱德华·格莱泽将城市的优势定义为"城市的胜利",并以此命名出版专著进行了详尽的分析。在我看来,这种胜利更是大城市的胜利:畅想身处遥远的星空,拥有一双慧眼可以扫视夜间的地球,可以发现灯光都高度集聚在大城市,与之对应的是乡村的黑暗与小城市的黯淡无光。夜生活?作息规律?工业生产?或许有千般理由来解释大城市夜间灯光为何更亮,但不能否认的一个事实是:经济活动确实高度集聚于大城市。这些灯光代表着经济活动,代表着更密集的人口集聚与企业活动。人们忍受着高房价、交通拥堵、高生活成本,企业承担着高地租、高用工成本、高商务成本,都选择集聚在大城市。探讨个人和企业选择大城市的内在动力,将是非常有趣也很有意义的。

一、城市:从"城"到"市"的历史演变

城市,是"城"与"市"的结合,侧重于两个不同的功能:前者强调防卫,后者重视交易。早期的城市,强调通过城墙来守护城墙内的居民,因此是有围墙

* 作者为上海大学经济学院讲师,管理学博士。

和封闭的，也就是所说的"内为之城，城外为之郭"。除了抵御外敌以外，早期的城市还重视供水、防涝等功能，这从《管子·乘马》的"高毋近旱，而水足用；下毋近水，而沟防省"中可以看出。跳出来，想想我国年年内涝成灾的某些城市，或者我们会觉得羞愧。总之，早期的居民更多是因为安全等因素而集聚在由内、外城垣围成的城市。随着城市的发展，其逐渐演化出了新的职能：交易。《周易·系辞》称道："日中为市，致天下之民，聚天下之货，交易而退，各得其所。"大量的人集聚在一起，有利于社会分工与生产效率提升；而人的集聚也意味着较大的本地市场规模和差异化的消费者需求，助推社会分工的深化与生产效率的提升，并催生了市场交易和企业的出现。

城市的功能决定了城市的魅力。在"城"与"市"的基础上，现代城市的功能进一步丰富，涵盖了生产、娱乐、教育等多项功能。就现代城市到底是什么，不同的学科有不同的定义。简单来讲，社会学认为城市是有界地理上的社会组织网络，地理学认为城市是交通方便且覆盖有一定面积的人群和房屋的密集结合体，城市经济学认为城市是要素的空间资源配置载体，等等。城市甚至可以被视为一个景观，一片经济空间，一种人口密度，也可以是一种气氛，一种特征，一个灵魂，或者一种情怀。

大城市的显性特征，首先是要素的空间集聚，表现为接近性和距离的消失。大量的劳动力、资本、技术等要素集聚在城市空间内，后者为空间资源配置提供了载体，是聚集要素、集中生产、推动创新的主要场所。要素的空间集聚，一方面会带来知识溢出、生产率均值比较高等正外部性，也会产生过度竞争、拥堵、高成本等负外部性，这些都可以视为城市特别是大城市的突出特征。大城市第二个突出特征是多样性。多样性使得消费者的异质性需求能得到满足，促进产业间、产业内、企业间、产品间等分工的细化，这是提高微观个体福利水平的重要途径。在微观经济理论建模时，消费者效用函数中产品多样性的增加是可以提高消费者效用水平的，这也是和现实相吻合的。第三个突出特征是以人为核心。美国著名城市理论家刘易斯·芒福德认为："城市不只是建筑物的群体，它更是各种密切相关经济相互影响的各种功能的集合体，它不单是权力的集中，更是文化的归极。"城市的存在是为人服务的，而不是人们为城市服务。城市发展的核心必须是有助于人类的发展，而不是为城市建设的主导者留下功绩。

二、大城市的胜利：魅力使然

苏轼在《许州西湖》中用"但恐城市欢，不知田野怆"，描述了城市的魅力，这种魅力体现在城市对微观个体（包括个人、企业等）的吸引上。沧海桑田，现今的城市早已不同于1000年前的城市，无论城市规模还是城市密集程度早已不可同日而语。但如今，说到大城市大多数人甚至谈之色变：高房价与房租、人口拥挤、交通堵塞、贫富差距、环境污染等，这些"城市病"的存在使得大城市的魅力黯然失色。但事实是否如此，这需要数据进行检验。

（一）个体区位选择："爱恨交织"下的"用脚投票"

美国国防气象卫星（DMSP）的夜间光学倍增管捕捉到的光波段信号，可以反映各个地区经济活动的强弱。采集到的影像数据的影像分辨率能到1km左右，涵盖了交通道路、居民地等与人口、城市等因子分布密切相关的信息，相对客观、可信。根据2016年3月的卫星遥感影像可以发现，长三角、京津冀、珠三角的灯光亮度明显更强，特别是北上广深等大城市，夜间灯光与其他地区形成了鲜明的对比。这一事实告诉我们，人们尽管惧怕北上广深却又忍不住向往，选择了"用脚投票"。

（二）大城市魅力的源泉：集聚外部性

为什么个体"惧怕"大城市却又选择了大城市？这可以归结为要素在城市空间集聚产生的正外部性。在住房昂贵、高生活成本与工作压力、交通拥堵、环境恶化、快节奏等背景下，劳动力为何仍会选择于大城市集聚，主流经济学文献将这主要归结于：（1）城市规模的工资溢价。实证检验发现，劳动力集聚在都市区确实会提高工资。这种工资溢价导致的收入差距会促使劳动力集聚在大城市。（2）城市劳动力池与就业机会。大城市中的企业数量相对较多，也可以增加劳动力职位匹配和被猎头获知机会，进而降低失业风险。（3）劳动力技能提升。大城市中劳动力可以基于更多的正式或非正式沟通渠道进行沟通和学习，通过"干中学"和知识溢出提高技能，进而会增加大城市对劳动力的吸引力。（4）机会与未来预期。尽管存在诸多"城市病"，但大城市潜在的机会、机遇，使得劳动力特别是高技能劳动力对未来充满预期而留在大城市。（5）交通网络便利与文化娱乐基础设施齐全。大城市的交通便利，生活设施齐全，可以增加消费者的舒适性。此外，气候舒适的地方更容易成为大城市，例如美国的洛杉矶、旧金山、迈阿密等城市。反过来，大城市舒适的气候，又成了吸引人们的重要因素。当然，大城市更好的教育、医疗等公共服务也是人们选择的重要理由。

从企业层面来看，集聚外部性是企业集聚在大城市的重要动因。这早在100多年前，就由著名的经济学家马歇尔提出，并将其归纳为三个方面：劳动力池、中间投入品共享和知识溢出。在城市化达到一定规模之前，这些优势会产生一种拉力效应，助推产业在城市的集聚。从作用机理来看，城市集聚外部性主要通过以下途径对企业区位选择产生影响：（1）分享（sharing）机制。当企业或产业在地理上集中于一定的范围，公共设施和基础设施的费用就比处于分散状态要低廉得多。这也解释了学校附近的印刷与打印费较低，以及大型音乐会往往在大城市举办等现象。（2）匹配（matching）机制。集中的产业和资源为经济个体提供了更多的交易信息和交易机会，降低了交易费用与搜寻成本，提高匹配效率。（3）学习（learning）机制。在城市这个相对密集的空间内，人们可以进行面对面的交流，这有利于创意和创新的产生。此外，信息外溢也需要较近的空间集结，其效应随着空间距离的增大而迅速递减，这使得城市内的学习变得更加高效。

随着ICT技术的发展，质疑者认为这将会让城市的优势荡然无存：若你可以在西南某风景秀美的小镇通过"维基百科"学到知识的话，为什么还要忍受北上广深的高房价呢？我想说的是，人类主要是通过其他人提供的听觉、视觉和嗅觉线索来学习的，这意味着在网络空间里的交流可能很难与分享一顿美食、一个微笑或一个亲吻相提并论。互联网使人与人之间的交流变得便利，但它只有在面对面方式取得的知识相互配合时，才能发挥最大的作用，这从互联网企业家在班加罗尔和硅谷的集聚可以看出。在我国西北地区某高校的经济学博士研究生，尽管可以和哈佛大学的经济学博士生一样利用互联网学习NBER的最新工作论文，但与全球顶级的教授和研究者进行面对面交流的机会则相对较少。

（三）大城市魅力的强化：循环累积因果关联

大城市胜利，体现在集聚外部性对要素的吸引上，这种胜利还源自另一种机制：循环累积因果关联。先考虑这样一个故事：消费者到一个陌生的地方，如何避免进入"黑店"？一个有效的方式是，选择一家人气兴旺的饭店，这样出现"黑店"概率的可能性较小。如果大家都这样"用脚投票"，最终顾客都将蜂拥至服务质量最好的饭店。最终，服务质量较好的饭店拥有大部分的顾客，大致出现"赢者通吃"的局面。

"赢者通吃"的现象同样存在于在城市对要素的吸引上：大城市更容易吸引人才和企业，而吸引过来的人才和企业会进而提升大城市的集聚外部性，这又成了大城市吸引人才和企业的砝码，这就是经济学中所说的循环累积因果关联。当然，这种循环累积因果关联不会无限制地作用下去，会在城市发展到某一定规模或程度时而停止，具有收敛性；否则，大城市将成为要素空间集聚的"黑洞"，无限制地扩张下去，这显然是不符合现实规律的。

三、大城市的优势："择优"与"去劣"的结果？

道尽大城市的千般好，但最终还是需要证据来支撑的，这是实证经济学所做的事情。识别大城市是否具有优势，这是相对较难的。回到湘北母校学弟学妹高考志愿填报的例子：高分考生选择了大城市的高校，而低分考生选择了小城市的高校。假设平均意义上，高分考生在智力方面存在某些优势。因此，在检验四年期间这两所大学对学生的综合提升作用，如果用高分考生的综合素质减去低分考生的综合素质，这显然是不正确的——大城市高校的学生在入校前本身就相对更优秀，这就是样本选择偏误导致的内生性问题。

在实证检验大城市是否更有优势时，也存在着这样的问题。以企业为例，大量研究表明大城市的企业生产率均值较高，但是否是由集聚外部性引起的，也存在上述内生性问题：（1）选择效应的影响。从城市层面来看，大城市是优质生产要素的集聚，而高生产率企业作为更高效率的要素组织载体，会更加倾向于追寻优质要素。大城市拥有丰富的高素质人力资本、健全的基础设施等，人口和经济活动较为密集，市场规模较大，高效率企业选择转移到大城市，更容易获取集聚经济的优势。区域经济学家鲍德温和太久保的研究发现，由于高效率企业拥有更高的销售额，更加节省了交易成本，倾向于向大城市转移。目前，中国出现了很多大企业向大城市转移的案例，如三一重工从长沙转移到北京、东风汽车从十堰迁移到武汉、加多宝从东莞迁移到北京，都是选择效应的具体表现。因此，大城市的这种"择优"行为，可能会导致大城市生产率均值较高。（2）分类效应的影响。大城市的竞争程度更加激烈，从而迫使低生产率企业不得不向小城市转移以逃避激烈的竞争。此外，随着环境与资源约束的出现，大城市通过提高市场准入门槛来限制资源环境效率低下的企业进入。典型的例子是近年来北京推行的产业转移战略：大量资源环境效率较低的企业转移到了河北等周边地区。也可能是受地区补贴优惠等政策吸引，低效率企业将向小城市转移。也就是说，这种"去劣"行为也会导致大城市生产率均值较高。

那么，大城市较高的企业生产率均值，到底是通过集聚外部性来实现的，还是因高生产率企业主动选择大城市以及低生产率的企业被限制进入导致的？最近，我和合作者的研究很好地回答了这一问题：利用1999—2007年中国工业企业的微观数据，考察了中国城市间异质性企业生产率分布差异的源泉。我们发现，大城市较高的生产率均值是集聚效应、选择效应、分类效应和竞争效应共同作用的结果；集聚效应提高了大城市大部分行业的企业生产率均值；城市间异质性企业区位选择存在着"水往高处流"现象，即高生产率的企业选择从小城市转移到大城市。也就是说，尽管存在着"择优"和"去劣"现象，但大城市的集聚外部性仍真实存在，成为大城市取得胜利的重要武器。

尽管大城市并不完美，存在着这样或那样的问题，例如"城市病"、贫民窟、户籍歧视，等等，但大城市是人类智慧与灵感的聚集撞击之处，是优质生产要素的集聚地和创新的发源地，个体又怎能不把"青春"挥洒于此。集聚在大城市，这既是大城市的胜利，更是微观个体的胜利。

【学问聊斋】

为什么经济学界的争论如此之多？

刘瑞明 *

在所有的学术争论当中，经济学界的争论可能是最多的。经济学说史上，似乎没有哪个经济学家是没有过争论的。及至当代，经济学界在每一个事件上都有争议，甚至是针对同一个现象得出完全相反的判断。一个戏谑的说法是，10位经济学家就至少会有11种看法。俗话讲，"真理越辩越明"。不过，在现实中，我们似乎经常会发现相反的事实，在争辩的过程中，往往越辩越混、越争越乱。为什么会有如此"悖论"呢？梳理起来，原因主要有几种。

一、假设与逻辑是否清晰严谨

和其他所有的学科一样，经济学所面对的世界太过复杂，于是，便需要通过经济学理论的构建，为人们提供一种认识世界的简便方式。理论就如地图，为我们提供了认识世界的一种图谱。这也就导致，任何一种理论，在进行分析的时候，都不可避免地要进行抽象，引入假设，然后在假设的基础上进行逻辑演绎推理，才能得到有用的分析。应该说，在理论争论的过程中，所有的争论无非来自于两大块，假设是否合理和逻辑推理是否有漏洞。

经济学中的各类经济学说其实都有假设存在，只不过，有的理论假设前提很清楚，有的理论前提假设被掩盖起来。有的理论逻辑推演层层推进、环环相扣，而有的理论逻辑漏洞频出。而假设是否合理、是否简化得当，是否清晰明了地交代，逻辑演绎是否符合推理原则、是否有漏洞，就成了经济学争论的重要原因。

以经济学说史上最为经典的"计划经济体制大论战"为例，其实，论战双方的争论来自于假设的合理性。以兰格为代表的计划学派理论，如果要成立，至少

---

* 作者为西北大学经济管理学院教授。

有两个基本前提假设：一是所有人的偏好信息都可以搜集并准确报告；二是存在一个以社会福利最大化为目标的政府。然而，这样的假设在理论构建的时候并没有清楚地交代，和现实世界太遥远，所以米塞斯、哈耶克对此进行了大量的批驳。再比如，历史学派的李斯特曾经提出了幼稚产业保护理论，许多经济学者经常会以此来说明应该通过政府设置关税壁垒来保护幼稚产业。如果这个理论要成立，也至少需要几个前提：一是在产业刚起步的时候政府的介入确实能够起到保护幼稚产业的作用；二是政府能够准确地知道"幼稚产业"的判断标准，并且在幼稚产业强大以后政府的干预可以适时退出；三是这样的运作过程没有其他干扰。

总结经济学说史，可以发现，凡是引发巨大争论的，一定是那些不明确指出假设前提、假设前提简化失当、逻辑推理存在漏洞的学说。一定意义上讲，从这几个方面，我们也可以判断出一个经济学家的水平。

二、经济学家的面子、门户与利益

尽管经济学的最终目的是国民福利的增进，但是，具体到每一个经济学家身上，本身也面临着每一个人的具体约束条件和利益问题，而这个利益一般体现在两个方面：

第一个就是经济学家的声誉和面子问题。任何一个人都想证明自己是对的，这是人之常情。但是，任何一种理论，随着时间的推演都有可能被修正。尤其是，随着时代变迁，一些原有的假设被新的更为合理的假设所替代，修正甚至推翻原有的理论。按理来说，对于理论的修正是非常正常的，后人对于前人成果的修正是对于前人的发展，也是对于前人表达敬意的最好方式。也正是这样一种理性的批评和质疑，才使得经济学能够不断发展和完善。但是，现实中，也不排除有一些情形，一旦承认自己理论的不足，很可能会影响到经济学家个人学术地位和权威，所以，为了证明自己理论的正确性，一部分经济学家可能并不太愿意承认不足，反而有可能会维护自己的理论。在这种情况下，经济学家的面子问题可能使得经济学本身的争议越来越大，而不是越来越小。如果大家能够为了科学的真知原则来争论，可能对于科学的发展是有好处的。但是，如果夹杂了个体私利，甚至单纯是为维护某一个经济学家的提法、某一个学说的正确性而争论，那这样的情况下有可能会使得争论不断。尤其是，当争论者本人影响力非常大、非常权威的时候，这种面子之争和门户之争的危害可能更大。当然，这种情况和经济学本身的发展程度有关，经济学越是发展成熟，逻辑体系越完善，对于科学的认同感越强，这类情况就越少，反之，经济学越是不成熟，这类情况就越多。

另外一个方面，就是经济学家的个人利益问题，这可能在经济转型时期表现得尤其明显。理论上讲，经济学家做任何理论分析都应该保持独立性，如此才能得出客观的结论。当经济学家能够保持独立性的时候，争议更多地来自于认知方面的差异，此类争论在所难免，只要本着实事求是的原则，为了探求真理，总会"越辩越明"。但是，当经济学家作为一个"经济人"，也参与到一些具体利益当中的时候，很可能会为了私利而不能保证经济学家的客观中立。例如，在苏联的转型过程中，有的经济学家就因为在其中牟利、提供了有违学术原则的建议而受到诟病。在国内外的各类反垄断案中，也可以看到一些经济学者成了利益相关者，这难免也会影响到经济学家的独立性判断。一旦经济学家的个体利益参与进来，再加上经济现象本身的复杂性，这类问题就带有很强的隐蔽性，很难判别。事实上，从事经济学研究和传播本身也是一个利益获取过程，尤其是传播的过程中，就会引发一些人的寻租行为。例如，市场上出现一些"伪经济学家"，并没有受过经济学的基本训练，凭借危言耸听、哗众取宠、扭曲理论的方式吸引眼球，获得曝光度和知名度来谋取收益，而当大众很难判断其专业素养和水平的时候，往往会被这些所谓的"经济学家"误导。由这类"伪经济学家"引发的争论为数不少，由于没有想着探求真知，也没有想着考究其中的假设前提的合理性、逻辑推理的严密性，引发的争论迟迟不能达成共识，使得争论旷日持久、危害颇深。

三、传播中的约化效应和放大效应

经济学理论是非常复杂的，为了保证逻辑的严密性、论证的严谨性，经济学家经常需要在著作中详细陈述假设前提、推理论证过程和大量的事实佐证。一个不可避免的后果就是，一部部经典厚如砖头，甚至晦涩难懂。如果不是有着非常专业的训练，很难真正理解作者的思想。然而，经济学理论作为解释世界、改进人类福利的学问，其政策导向非常明显，这又决定了经济理论不能只是停留在书斋，必须要为大众所接受。

经济学说史上，随便一位大家，其著作就足以等身，数百年来累积下来的著作更是难计其数，今日人们如果要看其著作，穷尽一生也不可能读完，更何况，今天的经济学和现实世界不断发展，新问题、新现象不断涌现，所以，今天的经济学理论传播，必然面临着简约的问题。然而，如何在保证理论的准确性的基础上，浅显易懂地传播就成了一大难题，这就要求经济学家对某一事物必须是真懂，能够讲透，还能够为大众接受，真正做到深入浅出，这也成了考验经济学家水平的重要标准。然而，深入浅出看似简单，背后凝练的却是一个经济学家数十年的专业修为，非功力老到非常者不可达。所以，能够做到深入浅出的经济学家毕竟为数不多。但是，仅仅靠少数功力深厚的经济学家来传播经济学的思想和道理又远远不能满足现实需要，所以，在传播的过程中，就不可避免地有了很多偏颇和错漏。这种偏颇和错漏一旦传播，往往会概念化、意识形态化，很难纠正，从而导致一些争论持续存在。

在现实中，经济学争论之所以显得更多，可能来自于另外两个因素。一个是，经济现象、经济利益关乎每一个人，一方面，人们重视经济利益，从而让经济学成了"显学"，另一方面，经济现象贴近每一个人，所以，每个人都能够对此发表看法，鱼龙混杂。另一个则是，人们总是对于那些争议的内容感兴趣，无限放大，而往往忽略共识。尤其是，在现代媒体如此发达、传播如此迅速的情形下，更可能发生此类现象。一些媒体为了吸引注意力，往往会断章取义，标榜极端，形成轰动效果，把一个争论的细枝末节放到最显著位置吸引眼球，把共识忽略。

熟悉经济学说史的人不难发现，其实经济学是所有社会科学中共识最多的学科之一，哪怕是那些被认为处于争论两端的经济学家，在许多基本问题上都持有共同的理念和看法。最典型的，哈耶克和凯恩斯之间对于经济的看法并非如后世很多人所误解的那样完全对立，如果仔细去辨别二者的种种著作，在很多基本经济问题上二者有共同的看法，但是，因为争论的放大效应，二者往往被标榜为两种极端，甚至一些传播者把哈耶克等同于无政府主义，把凯恩斯等同于计划经济倡导者。再比如，国内往往被认为是两个极端的林毅夫老师和张维迎老师，其实仔细阅读他们的著作，他们绝大部分关于市场经济的基本原则和观点是类同的，即使在竞争论和产权论的分歧方面，从现代契约理论来看，也是从不同的角度来论证罢了，并非大众所理解的是完全相对立的。如果如此，则理论争论可能会误导民众和政府，导致改革迟滞。无论是哪一个学派，其实在理论倡导和政策实现方面都受到了不同程度的扭曲，一定程度上讲，这都非经济学家所愿，甚至走到了他们倡导的对立面。

如果从政策的推行力来看，经济学界必须讲究争论的策略和方式。例如，"莫干山会议"被认为是推动经济政策改革颇为成功的一次会议，为什么"莫干山会议"可以开得很成功？一个很重要的因素是，"莫干山会议"是一个闭门会议，集中于学界内部，大家都遵循了学界争论的寻求科学认知、实事求是的原则，内部开会的时候"吵翻了天"，但是，大家都是遵循规则在"吵"，在寻求最为妥当的解决方案，最终，"求同存异"，把共识凝聚起来，形成文件详细论证改革方案，从而能够顺利促进改革，书写一段历史佳话。试想一下，如果"莫干山会议"放在今天，邀请一众媒体参加，会还没有开完，新闻媒体就来一个"莫干山会议，经济学者就改革方向出现重大争议"的报道，民众生疑，政府生虑，改革势必就不可能推行得如此快速顺利了吧。

四、未完之结语

经济学界的争论颇多。理论上讲，真理越辩越明。但是，这个判断是有前提条件的：第一，经济学认识世界的一个重要方式依然是瞎子摸象，导致各人所认知的世界是不同的，甚至是完全相反的，这也不可避免地导致了各个经济学流派的争论。争论在所难免，但是需要理论假设明确、逻辑严谨，遵循学术争论的原则。否则，争论只会持续，而不可能有共识和推进。第二，大家需要在共同的认知基准上，意图推进这种认识才可能越辩越明，如果带有意识形态和经济学家个人面子色彩、门户之见和利益之偏，则很有可能越辩越混。第三，如果争论场合、争论策略不当，则这些学术争论被媒体放大和扭曲后，往往会带来政策上的改革滞后，人民福利没有增进，造成争论双方都不想看到的后果。

如果经济学的最终目的是改善世界，增进人们福利，那么经济学界就应该思考：我们争论的原则是什么？经济学的争论应该限制在什么范围内？当我们争论的时候如何避免大众、媒体和政府的误解？如何才能将共识传播以更好地实现政策的推行和人民福利的改善？

经济社会科学中的倒 U 形关系

赵红军*

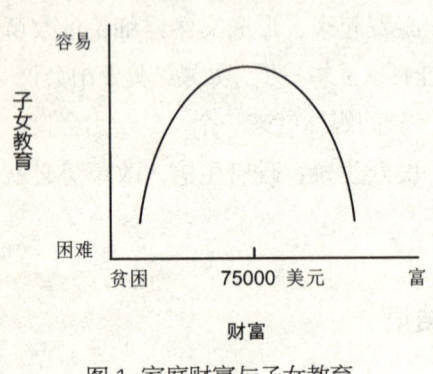

图 1 家庭财富与子女教育

经济、社会科学研究的核心问题乃是探讨经济与社会变量之间的逻辑关联关系。比如，温度上升、水分增加是否会导致作物发芽，西红柿和水果的摄入量是否一定有助于身体健康，学习时间的延长是否一定能获得更好的学习效果，你对孩子投入更多的教育到底对他（她）是否更好，如此等等。然而，绝大多数情况下，这些变量之间关系均是非线性的。在这当中，最值得经济和社会研究的学者们和学生们重视的，当属我们所说的倒 U 形关系。

经济学家通过研究发现，一个家庭拥有的财富量与孩子教育质量之间的关系通常就不是线性的，而是倒 U 形的。表现是，在一定的范围内，家庭所拥有的财富越多，就越可能为孩子提供更好的教育条件和物质基础，但当家庭财富数量超过一定限度时，过多的财富投入却并不一定还能提高孩子的教育质量了，相反，还很可能会由于非常优越的物质条件而损害了孩子的成长。这个规律为中国社会中所说的"富不过三代"提供了一个经济学证明。其实，在英国、美国等国家，也存在着完全类似"富不过三代"的说法，并且这一关系也得到了大量实证数据的证明。

同样的例子，还出现在宏观、国际经济学与发展经济学之中。著名的拉弗曲线表明，税率高低与税收收益之间存在着经典的倒 U 形关系；威廉姆森倒 U 形假说表明，随着经济发展，一开始城乡收入差距倾向于拉大，但随着时间延续，它会倾向于缩小城乡收入差距。研究还表明，FDI 的流入与一国经济发展、利率、汇率、

---

* 作者为上海师范大学商学院教授。

关税税率与经济发展、对外开放与社会稳定、教育投入与科技创新、交通效率与经济集聚等，之间均存在着类似的倒 U 形关系。

有趣的是，心理学家也普遍发现，心理学领域几乎所有的关系都是倒 U 形的。比如，酒精摄入量与健康之间的关系、金钱与幸福的关系、子女数量与父母幸福的关系、父母的爱与孩子的成长等。

教育学家和劳动经济学家同样发现，班级规模与教学质量之间也呈现典型的倒 U 形关系。道理其实是很简单的，当班级规模太小时，学生们相互之间缺乏学习和竞争效应，因而学习质量并不高；同样当班级规模太大时，也不利于学习质量的提高，因此，必然存在着最优的班级规模问题。

还有，中小学、大学教师每周所上的课时数与教学质量之间也存在着这种倒 U 形关系。上课课时太少，操练机会太少，教学质量可能不好，随着操练课时的增加，教学质量就会提高，每周所上的课太多，上课质量却开始下降。因此，一样存在着最优的每周课时量问题。

经济学家日益发现，经济社会变量之间的倒 U 形关系意味着，经济和社会生活中的绝大多数变量之间的关系均存在着最优区间问题。比如，最优的税率、最优的货币区间、最优的周课时量、最优的每日饮酒量、父母对孩子最适度的爱等。这样看来，经济与社会科学中日益强调模型和计量分析就显得非常有必要。

首先，要尽可能地运用准确的数量关系来捕捉和刻画变量之间的关系，毕竟定量比不定量要更加准确；然而，值得注意的是，并不是所有的关系都能用数量关系准确刻画，毕竟，我们生活的世界中处处充满着不确定性和复杂性。其次，在此基础上，还要考察 X（Y）变量对 Y（X）变量是否存在影响以及影响程度大小的问题，因为任何两个变量之间的关系不外乎不相关、相关两种情形。

通常而言，考察 X（Y）变量对 Y（X）影响的数学方法就是微分法，也就是所谓的求导或者偏导，其直观的含义就是考察当这个变量变化时，它对另外一个变量影响的边际变化程度。再下来就是考察求导后的式子何时为零、何时为正、何时为负。这样，通过偏导等于零就必然能找到二者关系究竟是相关、不相关，可能是线性还是非线性。因为导数等于零必然对应着极大值或极小值，而偏导为正（负）则对应着正（负）向的关联关系。

举个非常简单的例子。已知一家工厂的产量方程由 $TP = 27L + 12L^2 - L^3$ 给出，其中 L 为工厂投入的劳动量。为了更好地分析劳动投入与总产量之间的关系，我们首先要对总产量函数求一阶导数，于是有 $\frac{\partial TP}{\partial L} = 27 + 24L - 3L^2$，令 $\frac{\partial TP}{\partial L} = 0$ 即可得到两个根，一个是 L=9，一个是 L=-1，后者为负，不符合实际，所以舍去。另外，$\frac{\partial^2 TP}{\partial^2 L} = -6L \leq 0$，这样，我们就知道，TP 在 L=9 时达到最大值，在此之前，TP 上升，而在此之后 TP 下降。

从计量经济学角度来看，如果我们要检验一对数据之间的关系，首要的方法就是画出散点图来判断变量之间的关系。如果散点图显示变量的关系是线性的，就只能运用线性方程来回归，反之可能就要运用非线性方程来回归。值得注意的是，如果变量关系是非线性的，则还要判断到底是二次非线性，还是三次非线性。

比如，在 Zhao（2016）有关美洲白银与清代粮价关系的研究中，我们发现二者的关系就呈现典型的倒 U 形关系而不是线性关系（如图 2 所示）。

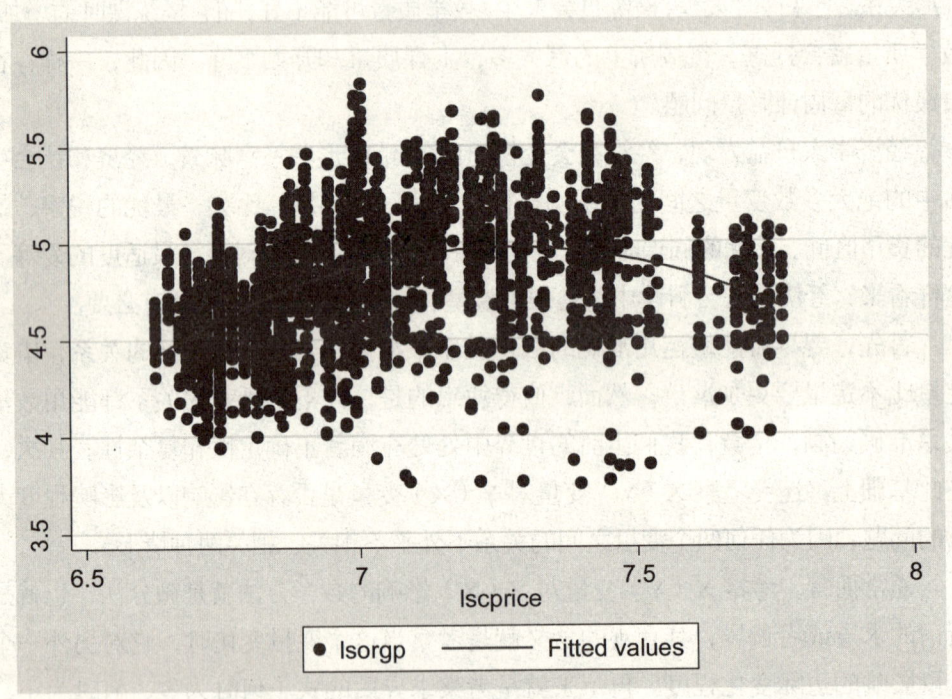

图 2　1736—1911 年中国 22 个府的银铜比价与高粱价格关系散点图

资料来源：Hongjun Zhao, *American Silver Inflow and Price Revolution in Qing China*, Review of Development Economics, 2016, 20（1）：294—305.

图 2 给出了 1736—1911 年华北地区 22 个府的银铜比价与高粱价格关系散点图。由该图可见，二者的关系属于典型的倒 U 形关系。但我们还不能确定到底是

倒 U 形还是比倒 U 形更加高次的三次函数。鉴于此，我们分别使用线性、二次和三次函数分别对二者的关系进行回归，由于其他的变量我们暂不考虑，所以暂选择固定效应模型来回归，结果见表 1 所示。

表 1　线性与非线性回归拟合结果

被解释	高粱价格	高粱价格	高粱价格
方法	面板 FE	面板 FE	面板 FE
方程	(1)	(2)	(3)
银铜比价	0.417***	19.73***	−80.87***
	(22.66)	(25.10)	(−2.83)
银铜比价平方		−1.354***	12.69***
		(−24.58)	(3.18)
银铜比价三次方			−0.653***
			(−3.52)
_cons	1.868***	−66.87***	173.1**
	(14.42)	(−23.89)	(2.54)
R2	0.158	0.311	0.314
观测值	2752	2752	2752

注：t-statistics in parentheses，* $p < 0.1$，** $p < 0.05$，*** $p < 0.01$。

从该回归结果的相互比较来看，线性回归的效果相对而言较差，因为它没有考虑二次项的影响，且其回归的解释力较低，而结果证明放入二次项是合理的，一次项、二次项系数在 1% 的统计水平上均是显著的，且模型的解释力比线性模型提升很多。三次函数的拟合结果仅比倒 U 形解释力稍好一些，但考虑到一次项和二次项的系数与其他两个模型完全相反，且散点图清晰显示的情形为倒 U 形，因此综合考虑之后，我们认为二者之间的倒 U 形关系更加合理和稳健一些，即银铜比价在初期倾向于提升高粱价格，而在后期倾向于降低高粱价格。更进一步，我们还能发现，二者的关系在高粱价格对数值在 7.25 左右达到最大，而这对应的时间约在 1826—1830 年间，这一时间点恰好对应的是，中国白银从内流转向外流的转折点，于是，银铜比价也由一路上升转向下降与波动不定。

这个例子告诉我们，在考察人类社会最为复杂的经济与社会现象时，切忌用线性思维进行经济推理，并给出相应的政策建议，相反，只有在准确、定性与定量研究结合的基础上，才能给出相对准确的结论与相应的政策建议。

英美法系与大陆法系所有权的差异对资本形成的影响

汪其昌 *

一、资本形成的秘密：法律所有权制度

经过广泛调查和参与政策制定，秘鲁经济学家和政府智囊索托发现，某些贫穷的第三世界国家和地区所缺少的不是财富和企业，而是没有建立起把资产转换成为资本的所有权法律制度。他在《资本的秘密：为什么资本主义在西方取得了成功却在其他地方遭遇滑铁卢》一书中非常生动地揭示道："那里的居民有财物，但是缺少代表他们的财产权益和创造资本的法律程序。他们有房子但没有产权，有农作物但是没有契据，有生意但是没有《公司法》。所以，尽管他们可以采用西方的每一个技术发明，从别针到核反应堆，但由于缺少这些基本的法律概念与制度，他们仍不能够生产出足够的资本来使他们国内的资本主义有效运作。"该著作第2、3、5、6章即依此展开，第5章重点论述美国所有权法律制度。其核心思想是：这些国家一是法律不能确定财产权利，二是缺少财产权利进行抵押、质押，三是司法系统不能有效保护产权交易，由此深深影响了资本的形成。

那么是否非发达国家引进了资产转化为资本的所有权法律制度，就能够促进资产转换为资本，从而深化金融发展呢？从非洲、南美等发展中国家的实践来看，并不见得必然如此。原因何在？首先是该书忽视了普通法系与大陆法系的所有权的实质差异及其司法系统的差异，把两大法系的所有权内涵视为同一。国内许多经济学家在理解英美新制度经济学家中所有权、产权、财产权利的内涵和外延时，深受大陆法系所有

《担保法》书影

---

* 作者为上海对外经贸大学教师，博士。

权概念的影响。我国的《公司法》《担保法》《物权法》和《信托法》等许多重要的法律移植了不少普通法系关于所有权的法律条文，促进了我国资本的形成，但总不免逾淮为枳，有法律冲突，执行难。

二、普通法系与大陆法系所有权法律制度的差异

为此，我们不禁要问：两大法系关于所有权法律制度的差异何在？我们首先看以下故事。

故事一。美国首任总统华盛顿的孙子卡斯迪斯用15年的时间在弗吉尼亚州的风水宝地建造了阿灵顿庄园。毕业于西点军校的李将军与卡斯迪斯的唯一女儿玛丽在庄园成婚。1857年，卡斯迪斯去世前留下了一份遗嘱，将其房产所有权一分为三：卡斯迪斯夫人对此房产享有终身权利，李将军长子对此房产享有未来权利，李将军享有的权利为遗嘱执行人。卡斯迪斯夫人继承此遗产后可随时处分她的终身权益，可以用此权益抵押贷款，也可以将她的权益出卖给他人，当然债权人或买主要当心她可能突然去世的风险，因她一旦去世，她在该庄园的权益就立即全部消失。李将军的长子在其外祖父去世后，也可随时将他在该庄园的未来权益用于抵押贷款或出售，只不过买受人要等其母亲去世后才能实际占有该庄园。遗嘱执行人的权利不能抵押担保。

1861美国南北战争爆发。李将军担任南方叛军统帅。战争期间，林肯领导的联邦政府通过一个战时法，要求联邦军占领区内的房产所有人必须亲自来房产所在地交房地产税，否则没收其财产。李将军夫人不可能自投罗网来弗吉尼亚税务局缴税。联邦政府便以欠税为由，没收了阿灵顿庄园。按照美国法律，阿灵顿庄园因欠税依法被没收以后要公开拍卖才能成为政府财产。1864年，联邦税务局长代表联邦政府举牌成功，获得阿灵顿庄园的产权。

南北战争结束后，李将军之子提起诉讼。1882年，最高法院判决认定：无论何时何地，战时也不例外，公民的私有财产都受法律保护，非经法律程序和合理补偿，政府也不得征用私有财产。美国政府必须将此庄园交还李将军之子。考虑到数万名战时牺牲的将士在此长眠已久，房子已面目全非。1883年，美国国会用15万美元向李将军之子购买了阿灵顿庄园。

故事二。2009年9月24日，昆山纯高公司以总规模为6.27亿元的"昆山·联

邦国际"项目的收益权为信托财产权，安信信托发起并设立募集集合资金 2.15 亿元作为优先受益权，其余为信托一般受益权，由昆山纯高公司以其持有的该项目土地使用权和在建工程项下资产收益权认购并持有。随后安信信托又与昆山纯高公司签订信托贷款合同和抵押合同，昆山纯高公司将该项目的国有土地使用权和在建工程抵押给该信托公司，自然人戴海峰等 3 人分别以自己的房产向该信托公司出具了担保函，并且分别办理了抵押登记。

令人感到蹊跷的是，为什么安信信托公司与昆山纯高公司双方不直接以信托方式进行股权融资或者进行贷款而要另外签订一份信托贷款合同呢？第一个原因是为规避政策限制而设计的交易结构，也就是为绕开银监会关于"贷款类信托严格执行'432'的监管规定"（"4"代表四证，即国有土地使用证、建设用地规划许可证、建设工程规划许可证和建筑工程施工许可证；"3"代表30%预留资金；"2"代表二级资质），相关条款强调了不能为不符合规定的开发商提供信托贷款资金。而为了绕开这一规定，安信信托公司便以"受益权信托"的方式，为不符合"432"条件的房地产开发商提供资金。第二，房地产交易中心不接受信托合同作为主合同办理抵押登记手续，故将贷款合同作为主合同并签署《抵押协议》而办理抵押登记。第三，为建设部《城市房地产抵押管理办法》所限，因为本案属于在建工程抵押。该《办法》第三条规定：抵押人为取得在建工程继续建造资金贷款，以其合法方式取得的土地使用权以及在建工程的投入资产，以不转移占有的方式抵押给银行作为偿还贷款履行担保。

2012 年 9 月 24 日，贷款期限届满，昆山纯高公司和几个自然人未履行还本付息及偿付违约金等义务。于是安信信托公司提起诉讼。虽然法院最后判决原告有条件胜诉，但社会各界对双方的争议并没有平息：一是信托财产收益权是否为物权？以信托受益权融资是否为担保？二是信托受益权融资合同与信托贷款合同为阴阳合同，是否有效成立？

故事一突出说明了普通法系所有权的特性与对资本形成的影响和司法财产保护的独立性，故事二说明了大陆法系物权项下所有权的特征，以及在资本形成中与移植的英美法系所有权的冲突。通过上述案例，我们可以看出普通法系与大陆法系所有权虽然中文表述一样，但实质内涵和外延很不一样：

第一，所有权的内涵是不同的。普通法系的所有权与产权、财产权利实质意义相同，一切有价值的东西都是财产权利，且是一束权利，也即是通说的"一物多权",其中的每一个权利都是基于具体"物"(包括有形物和无形物)上的抽象权利,可以任意创设,法无限制皆可为,契约自由,非常适合知识和信息经济社会发展需要。大陆法系的财产权是物权(如图1),包括所有权、用益物权和担保物权,所有权是物权的一个子项,一物只有一个所有权。我国《物权法》第二条规定的物包括动产、不动产和法律规定的抽象权利,着重于有形物。第五条规定物的种类和内容由法律规定,即物权法定,不能任意创设,也就是说法律没有规定的抽象权利不能为物,比如故事二中的资产收益权、排污权和排放权,没有法律规定为物权,就不能进行抵质押融资。这种规定在农业经济和工业经济时代无关大碍,但在信息和知识经济时代就成为资产转换为资本的桎梏。

　　第二,普通法系是权利分解,大陆法系是权能分解(如图1)。普通法系的财产权利是按时间、空间、救济和内容划分的,每一项权利都可拿出来单独交易,不具有绝对排他性。这里有必要重点分析信托财产所有权。从时间分割的角度看,信托的普通法所有权是现在的财产权利,是现在占有,衡平法上的财产权利是未来的权利,是将来占有,也就是未来的收益,一旦信托时间结束,普通法上的财产权利归属于受益人。信托财产权利是有时间限制的,一旦信托期结束,其财产权利就不是信托财产权利,而是其他财产权利。从权利内容分割的角度看,受托人享有一定时间段的占有、使用、处分权利,受益人享有收益权。从适用的法律

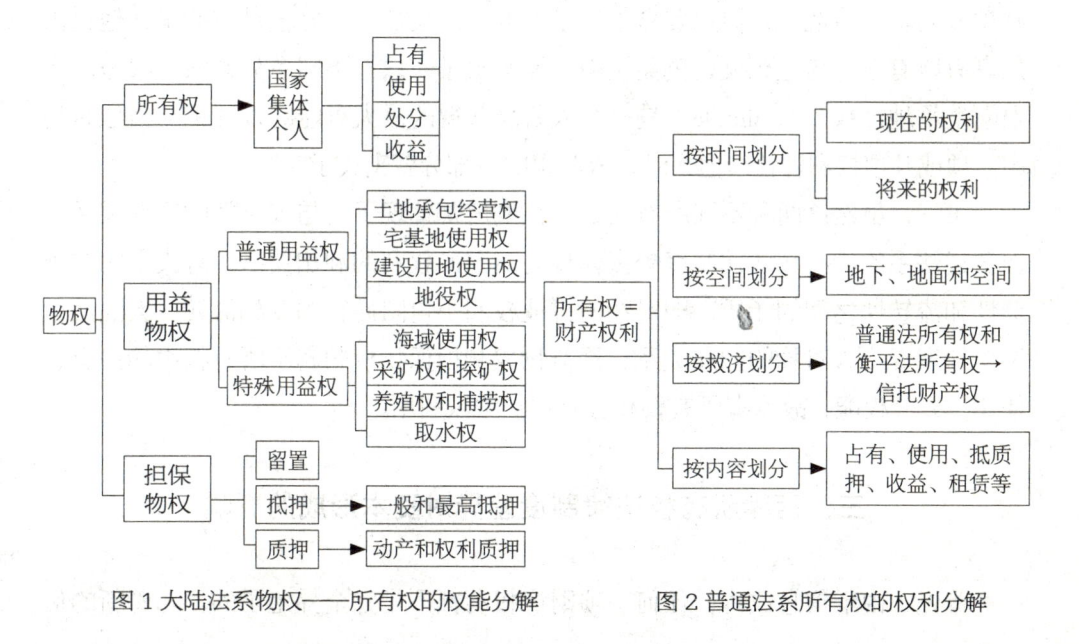

图1 大陆法系物权——所有权的权能分解　　图2 普通法系所有权的权利分解

和救济方式与程序分割的角度看，受托人享有普通法上救济的财产权利，受益人享有衡平法上救济的财产权利。从财产权利性质分割的角度看，受托人享有管理、投资、使用、设定担保等权利，受益人享有受益权利，也可以把未来收益权利进行质押、转让、再信托。这些从不同角度分割的财产权利都可独立存在、转让交易，都可由不同的所有者所有，或者在其之上创设新的财产权利。这真是实现了《礼记·大同》中的物尽其用。

大陆法系中的所有权基于物权之下分解为占有、使用、收益和处分四个权能，用益物权和担保物权都是所有权的具体表现，抽象的所有权统帅四个权能，也就是绝对所有权，强调一物一个所有权，强调任何一物所有权的完整性，不可分割性。《物权法》第39条规定所有权人依法享有占有、使用、收益和处分的权利。所以我国的信托公司在基础资产上创设收益权、租赁权等新型财产权利作为信托财产进行融资时，往往同时要求将基础资产或提供新的资产进行抵质押，被迫签订阴阳合同，并且与物权法定原则、一物一权和物权——债权思维范式相冲突。

对这两种不同所有权分解交易的结果，梅日曼说得非常形象："罗马法的所有权可以看作是一个盒子，这个盒子上写着所有权（ownership）的名字。谁只要拥有这个盒子，他就是所有人（owner）。在完全的无负担的所有权的情形，这个盒子包含使用权、占有权、收益权和转让权。所有人可以打开盒子，取出一项或几项权利转让给他人，但只要盒子还是他的，即使盒子已完全是空的了，他也仍然享有所有权。与之相反，英美法中，没有盒子，只有不同系列的法定权益。无限嗣继承地产权（fee simple）是一个人所能获得的最大可能的权利束。当他将其中一项或几项权利转让给他人时，权利束的一部分就丧失了。"

第三，虽然这两种不同所有权的法律制度都体现了人与人之间的契约关系，但普通法系的所有权法律制度更多体现为对财产权利的利用关系，解决了物的排他性和流转性之间的矛盾，即对物的排他权利不再阻碍物的变相流转，大陆法系过多地表现为人对物的归属关系，用益物权和担保物权归属于所有权中的占有、使用、处分权能，故没有所有权和占有权，难以利用。

三、两种所有权法律制度差异对资本形成的影响

首先，由于信息成本，任何一项财产权利都不是完全界定了的。随着新的信

息获得，资产的各种潜在有用性被技能各异的人们发现。因而普通法系自由创设财产权利，可以为融资提供更多的抵质押等担保品，且可以入股成为股本和公积金。普通法系的法官造法制度和法无明文禁止即可为的契约自由，使得普通法系财产权利在不断分解和界定过程中，很容易得到法律的承认和保护，法律的不确定性小。大陆法系的物权法定非常僵硬严格，滞后于经济实践和社会生活的需要，没有法律规定为物权的财产不能进行担保融资，更别说成为权益资金了。对法律没有规定为物的东西进行担保和入股，一旦有争议，法官无法判案，因为没有法条依据。全国人大要修改法律条文和立法要走漫长的程序。这使得对有经济价值资源的财产权利进行法律界定非常迟缓，创新慢，时间的机会成本非常高。

其次，普通法系的所有权制度顺应了人类专业化分工和有效率地利用资源的优势。因为不同的人力资本是异质的，各有专攻，对同样的生产要素利用的效率不一样，普通法系对所有权的分解方式最有利于人类的分工合作，最典型的是信托财产权利制度，即委托人把财产信托给受托人，受托人运用专业知识和技能管理、运用、处分财产，受益人享有财产收益，受托人受信托义务拘束。在我国最经典的一个案例就是21世纪初青岛啤酒公司和世界最大的啤酒公司——A-B公司，通过把股份上的所有权分割为表决权、分红权和控制权分别交易的方式各自获得自己想得的利益：控制股东青岛市国资委通过债转股利用外资的技术和资金等发展青啤的品牌，扩大产能，又保持对公司的控制权，外资A-B公司通过增大股本获得更多的分红，将超出20%的股份表决权通过表决权信托的方式授予青岛市国资委行使。

但是大陆法系的所有权制度强调所有权和占有，很容易增加交易成本，阻碍分工利用资产变换为资本。由于局限于传统的物权法，我国农村有大量土地、山地、宅基地不能有效交易流转形成资本，农村金融难以发展。在城市，我国信托公司以基础资产创设多种形式的资产收益权进行融资，以规避基础资产所有权的转移产生的税费，但是不被物权法承认，自由契约难以执行。

最后，普通法系所有权交易制度中的信托义务（即忠实义务和谨慎义务）制度便于治理人类普遍存在的机会主义行为，减少负外部性和代理成本。大陆法系的所有权法律制度却没有这种灵活的矫正制度。

金融期权风险对冲问题的研究与应用

刘彦初 *

金融衍生产品市场的发展是近半个世纪以来全球金融市场最显著的发展之一。作为一类重要的金融衍生工具，期权（Option）赋予投资者在合约到期日或之前以特定的价格，买入或者卖出某项标的资产的权利。对期权定价理论以及相关风险管理问题的研究，历经数十年的不断深入，极大地促进了金融工程学科的产生和发展，并且至今仍是该学科活跃的研究主题之一。

期权本质上可以看作投资者购买的一项"保险"，"保费"就是投资者所付的权利金（或者说是期权价格）：若标的资产的未来价格变动与投资者预期不一致，则"保险"生效，投资者可以大幅减少损失甚至仍然盈利；反之，则该"保险"自然到期终止，投资者仅仅损失期初所付的权利金。按照权利执行方式的不同，期权分为美式期权（American Option）和欧式期权（European Option）两大类。如下图1所示，美式期权允许持有者在到期日 T 或者之前的任意时间点执行合约所赋予的权利；而欧式期权的投资者只能在到期日 T 执行权利。因此美式期权赋予了投资者更加灵活的权利执行方式，也给了投资者更加有力的"保险"。

图1 美式期权与欧式期权的执行时间

在国际金融市场上，美式期权是一大类非常重要的金融衍生产品，在全球各大主要证券交易所以及期货交易所均有该类别的产品交易，并且成交非常活跃。例如，几乎所有的在芝加哥商品交易所（CBOE）上市交易的个股期权，全球成交最活跃的股指期权 OEX（基于 Standard & Poor 100 指数，在 CBOE 交易），能源市场上具代表性的石油期权合约 Gasoline Crack Spread Options（在纽约商品交易所 NYMEX 交易），以及在香港联合交易所交易的所有个股期权，均为美式期权。长久以来，华尔街与国际学术界对美式期权的定价及相应的风险对冲问题始终保持高度的研

---

* 作者为中山大学岭南（大学）学院金融学助理教授，香港中文大学金融工程博士。

究兴趣。

在我国香港特别行政区和台湾地区，期权市场也已经有近 20 年的蓬勃发展。中国大陆于 2015 年 2 月 9 日在上海证券交易所正式挂牌交易上证 50 交易型开放式指数基金（ETF）期权合约，开启境内资本市场的期权时代。目前我国境内上市的期权在执行方式上属于欧式期权，但是参照境外衍生品市场的发展路径，预期我国境内也将在不久的将来上市美式期权品种。

不管是从学术研究还是从金融实务的角度，关于期权都有两个最基本的问题：一是期权如何公平定价；二是如何对期权进行风险对冲。以投资银行为例，如下图 2 所示，机构投资者将期权卖给客户（左端箭头方向）的同时，也产生了风险敞口（Risk Exposure），因此需要在金融市场上进行风险对冲（右端箭头方向）。风险对冲的主要形式就是在金融市场上交易一定数量的标的资产，这个具体的数量完全由风险对冲参数（Greeks）决定，计算这些参数并以此构造对冲投资组合是衍生产品交易员们每天日常工作的重要部分。因此我们不仅要计算期权价格，还必须同时给出该价格相对应的风险对冲参数。风险对冲参数在数学上等价于期权价格对于模型参数的导数，该导数也衡量了期权价格关于模型参数的敏感程度。由于期权一般都具有极高的杠杆，忽视风险对冲问题将可能产生极大的损失和后果，例如，2008 年中信泰富澳元衍生品巨亏事件，2008 年中国国航石油衍生品巨亏事件，等等。

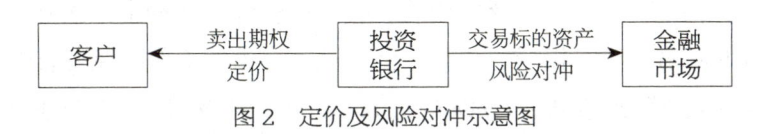

图 2　定价及风险对冲示意图

相对于期权价格，风险对冲参数的精确计算更为重要。这主要因为：（1）期权的定价问题毕竟还有市场的实际成交价格作为参考，但是风险对冲参数在市场上无法观察到，所以我们对后者的计算有更高的精度要求；（2）风险对冲参数是构造衍生品动态套期保值组合（Hedging Portfolio）的最重要元素，而后者本身就是计算期权公平价格的一个重要方法；（3）模型参数一般都是基于市场历史数据通过计量经济学方法估计得到，本身存在统计误差，而风险对冲参数正好反映了这种统计误差对定价的影响。而从技术上来讲，估计风险对冲参数比估计价格本身难度更大。

在学术文献中，如果期权定价模型所涉及的状态变量的维度小于或者等于3个，我们称这种情形下的期权定价及风险对冲问题为"低维问题"，否则称为"高维问题"。除了一些非常简单和平凡的情形（例如不分红的美式看涨期权，美式永久期权等），美式期权基本无法得到 Black-Sholes 公式那样的显式（closed-form）且方便的定价公式。学术界以及华尔街量化分析师只能依靠数值解法（numerical solutions）来得到美式期权的价格和风险对冲参数。数值解法有两种基本方法：一种是确定性方法，包括偏微分方程数值解、二叉树、傅立叶变换、渐近展开等基于解析近似思想的数值方法；另一种是基于模拟仿真的方法。确定性的方法只能处理低维问题，否则将会面临所谓的"维度灾难"（curse of dimensionality）问题，即数值算法的复杂度与状态变量的维度呈指数增长的关系。而模拟仿真方法则可以用来处理高维问题，因为这类方法的复杂度只是随着状态变量的维度线性地增加，并且特别适用于大数据环境下的并行计算平台。对于美式期权的研究而言，处理低维情形的确定性的方法已经相对成熟和完善，但处理高维情形的模拟仿真方法的研究却方兴未艾。

针对美式期权的定价以及风险对冲参数的估计问题，中山大学岭南（大学）学院刘彦初助理教授与香港中文大学陈南教授合作，提出了一种新的基于模拟仿真的快速计算方法，得到了简洁实用的估计量。通过理论分析和大量的算例表明，与学术文献和金融业界实践中处理该问题的现有方法相比，该方法的计算效率遥遥领先。例如，与之前广泛使用的一类区间估计方法相比，该方法的计算速度提高了近500倍（基于相同的计算平台测试）。该项工作已经发表于金融工程和管理科学领域国际顶级期刊 *Operations Research*，并被国际知名学者，卡耐基-梅隆大学 Tepper 商学院 Nicola Secomandi 教授和 Duane J. Seppi 教授的最新专著 *Merchant Operations: Real Option Management of Commodity and Energy Conversion Assets* 所引用。

【学界万象】

台湾访学

李井奎*

屈指一算,从台湾清华大学访学回来已经4个多月。一回到大陆,就开始忙碌于学校的种种任务,又是各种教学检查、科研规划、课题申请,接下来马上要开始的是本科教学评估,鲜有宁静的时光。只有到了暑假,才能够稍微安下心来,思索一下自己一直萦绕心头的学问。比较在台湾的日子,每周有五六天,每天泡在图书馆,大感岁月静好、学问美妙的日子,真是不可同日而语。

我能去台湾清华大学经济系访学,是一件偶然的事情。我本身在学校教些经济思想史的课,因为这样的原因,通读过几册台湾清华大学赖建诚先生的思想史著作,就其中的一些问题曾以邮件的形式请教于先生,在表示敬仰的同时也谈及一些值得商榷之处。后来赖老师来浙江讲学,从此相识。赖老师曾期待我随后即能到台湾清华大学经济系他处进行访问,但我因家中事务繁杂,未能成行。过了一年多,赖老师因身体原因退了休,访学一事就搁浅了。庆幸的是,那一年刚好台湾清华大学经济系主任刘瑞华教授携系中诸位先生访问我校,其中就有黄春兴老师。座谈中,我与黄老师一见如故,相谈甚欢。后来,得刘老师与黄老师二人玉成,我有了机会来到经济系访问。

我在台湾仅仅待了3个月,主要做了3件事。一是尽可能多地与台湾学界进行接触,了解他们的治学氛围和学术风格。二是利用台湾的图书馆资料,就我所欲研究的几个课题,搜集资料,这方面得到了赖建诚老师的不少帮助。三是利用闲暇时间,走访台湾各地,游历了大半个台岛,了解当地的民风与历史,增广了见闻的同时,也对自己和自己所处的大陆文化状态有了更多的思考。

去台湾的行程定下来之后,我去信告知赖建诚老师,赖老师非常高兴,来信大呼是意外之喜,到达当日,就邀我在图书馆一楼餐叙。两年多不见,赖老师身形消瘦,细问之下,才知道他身体不佳,准备半年之后住院手术,正在养护之中。

---

* 作者为浙江财经大学经济系副教授。

赖老师很快就撇开这个话题，开始攀谈起学问方面的事情。从此之后，几乎每周都有那么两三次，与赖老师谈天说地，听他讲台湾学界的掌故，侃他在世界学术圈里的游历和见闻，受益良多，也与赖老师结成了忘年之交。这几乎成了我在台湾最快乐的时刻。之后，我先后拜访新竹清华经济系的几位先生，旁听了一门黄春兴老师开设的奥地利经济学文献研读班。

在台湾清华大学经济系访学的这3个月，我几乎旁听过他们开设的所有重要经济学课程，与许多老师进行了私下的交流。同时，也对经济系的seminar制度以及老师们的职称晋升、期刊认定等进行了了解。就课程体系而言，中国大陆进步应该说相当之快，十年左右的时间，就我曾就学的浙江大学而言，其课程体系与台湾清华大学已经可以说是大体一致，连教材也基本上都是美国一派。高级课程他们用的是杰里和瑞尼的《高级微观经济理论》，本科的博弈论课程用的是迪克西特的《策略博弈》，就课程难度来说，两岸大体相当。不同之处在于，台湾的研究生课程基本上都是英文授课，板书也都是英文，至少有一半本科课程也是英文授课，对英语要求比较高。教授们一般一个学期要讲授两门课程：一门本科课程，一门研究生课程。研究生课程当中，二年级以上的都是文献阅读课。我除了参加黄春兴老师的这个奥地利学派经济学文献研讨班，还参加了一个产业组织理论的研讨。前者人数很少，加上另外一位旁听的本系老师也不过5个人，每人每周负责阅读一篇奥派的英文论文，有长有短。我也曾主动请缨，阅读了一篇关于资本与货币的英文论文，虽然人数少，讨论却很激烈，每次有了疑问去问黄老师，黄老师都会说："我不是权威，我也很多不懂。"然后他就启发性地开始举例、反驳，从他的课程当中我收获不少，比如对企业家精神的理解，对企业家在市场中的作用之理解，都是黄老师给了我启迪。而后者的讨论班人数就比较多，报告论文也往往比较具有技术性，经常遇到困难的地方，主讲人只好说这个地方我没有读懂，这时候主持讨论班的教授就会出来把某个地方作者的意图做个导读。基本上，在这个讨论班上，主持的教授起到了很好的引导作用，同时，参加的同学也都相对积极，基本上都是研究这类问题的博士生和高年级硕士，不过也有本科生。在这个讨论班，我受益最多的是，主持的教授经常问：这篇paper做了什么工作？你觉得他还有什么地方没有做？每篇论文经过这样审问几次之后，确实会很快领会到它在本研究领域里的地位是怎样的，我们还能做哪些研究工作来推进它。在台湾清华的本科课堂上，我倒没有感到与大陆有什么区别，几乎没有什么人提问，大体上也是满堂灌。在台湾清华读书的博士，有不少是大陆来的。我去看过经济系的博士论文，发现毕业的博士并不多，大概是对博士生论文的要求很严格所致，不过没有期刊发表的压力，论文质量全凭教授们的声誉保证。

和其他地方一样，职称晋升（他们称之为升等）也是这里的老师们非常关注的问题。在台湾清华大学经济系，他们有一个期刊目录，规定只有在这个期刊目录当中的期刊上发表论文才可以算分。一般来说，在某个领域中最好的期刊上发表一篇论文，可以得到30到60分不等，而从助理教授升到终身副教授，需要90分，不过很多老师都会超标。如果你是在一本学术著作当中发表一篇论文，他们也有相关的规定；而如果你能在国外大学出版社出版一部学术专著，地位还是非常之高的。赖建诚老师被公认的学术成就就是他在2000年于牛津大学出版的一部关于亚当·斯密的著作。如果老师们发表了一些自己认为重要的，却不见于系里期刊目录的论文，则需要系里教授开会决定它的分数。系里的老师基本上都是英美名校的博士，升等问题似乎不是很大，近6年里，只有2位经济系的老师因没有升等而退出，其中1位还是未到6年聘期即去了银行界工作而自愿退出的。但是普遍感觉到年轻老师的压力还是很大的。经济系的老师每年也要申请课题，主要是向台湾"国科会"申请研究资助。教授们有了自己的研究题目，需要花费数年之功潜心治学，国科会会根据研究的程度和难易进行不同等级的资助。这对于年轻老师来说，不啻是一个很好的贴补机制，毕竟，台湾的大学老师薪资并不高。谁来决定教授们的研究等级，往往也会引起争议。

在台湾期间，复旦大学韦森老师与商务印书馆合作，准备出版一套20世纪华人经济学家的文集，其中一本是蒋硕杰先生的。由于我恰好在台湾，韦森老师和商务印书馆的谷雨编辑就委托我去拜访蒋硕杰先生文集的台湾版主编吴惠林先生。蒋硕杰先生是湖北应城人，1916年出生，后来在伦敦政治经济学院求学，获得学士和博士学位，导师是哈耶克教授。后来，蒋先生回国任教于北京大学、台湾大学，在台湾任教一年之后，转任国际货币基金组织研究员、罗彻斯特大学教授和康奈尔大学教授。1958年获选台湾"中央研究院院士"，对台湾经济起飞建言献策，起到了非常大的作用。蒋先生对经济学有精深研究，对于货币理论尤其有创见。1980年，蒋先生创办中华经济研究院，次年担任院长。吴惠林先生即在该院工作，直至退休。吴惠林先生在台湾经济学普及工作上贡献甚多，由他主持编纂的《蒋硕杰先生著作集》就是其中之一。在台湾中原大学曲祉宁教授的帮助下，我与吴先生在台北会面，感到先生实在是一个温润的人，非常谦和，而且早已深居简出，此次他听说大陆愿意出版蒋硕杰先生的文集，非常高兴。席间，吴先生谈到了不少蒋硕杰先生的往事。二战期间，蒋先生曾在中国驻英大使馆工作，其任务之一是帮助中国在英国工作的劳工。到了战争后期，很多在英国工作的劳工觉得，应该把他们辛苦挣得的钱换成当时民国政府的法币。当时由于信息不通畅，劳工们并不清楚法币在国内的价值已经极低，仍然踊跃换法币。蒋先生不忍看到这些可怜的劳工数年辛苦只换回一堆废纸，就去劝阻他们，却遭到拒绝，只好辞职。这或许激发了后来蒋先生对货币问题的思考和研究。

吴惠林先生送给我一套《蒋硕杰著作集》，我花了十多天时间阅读它，感慨很多。蒋先生一生治学都很严谨，一切随遇而安，用心学问，对名利之求不大，是实实在在的读书人。蒋先生有那样的成就，一是风云际会，二是蒋先生自己的追求，他从来都是坚持自己，而且对任何问题，都经过自己的亲身体验而发出解决的意愿。以蒋先生的成就，20世纪的华人经济学家，能够与之相匹敌的并不多，但蒋先生处之泰然，这是特别应该学习的。在这套书里，曾有一段对蒋夫人马熙静女士的访问，也让人很动容。虽然字里行间都显得很平静，但是可以想到她这一生的颠沛与曲折。早年在东北兵荒马乱，后来次女遭蒙大难，还有刘大中夫人去世时痛失挚友，这些在蒋夫人一生中都是非常之艰难的，但是蒋夫人讲述的时候，一切显得风平浪静。刘大中先生也是在台湾经济起飞过程中卓有建树的经济学家，是第一位在《美国经济评论》上发表论文的中国经济学家，于20世纪70年代罹患肠癌，痛苦不堪。夫妇二人选择一同自杀辞世，令人唏嘘不已。

后来我还到台北拜访了台湾大学经济系张清溪、吴聪敏、林明仁等几位先生，我又在其他的教授那里，听到不少关于蒋硕杰先生的事情，每次聆听，总能感受到一种心灵的洗礼。在台湾的3个月里，读了不少台湾经济学者的著作，其中给我留下了最深刻印象的，莫过于朱敬一先生的《给青年知识追求者的信》，这本书对于学问之道、学术生存之道，结合自身的体味，现身说法，给出了很多意见和建议。朱敬一先生曾任中国台湾"中央研究院副院长"，是鼎鼎大名的经济学家。我回大陆前夕，他新出了一本著作，打算做一场全台大学讲演之旅，可惜第一站选的不是清华大学，未能亲见，真是遗憾！

我因为做一点凯恩斯著作的翻译和研究，所以在台湾的第二件工作就是搜集国外凯恩斯研究的各类文献。期间和赖老师多次交流，得赖老师很多启发，我们约定一起合作写些东西。许多要从台湾大学或台湾"中央研究院"图书馆借的图书，都多亏赖建诚老师和在清华大学图书馆工作的赖师母的帮助。至今都很感念他们。我在台湾3个月，每天我都可以在图书馆的固定位子上找到赖老师，周末或者寒假，都是这样。有两天我没有见到他，急忙打电话，果然是身体不适才没来。在清华图书馆，有很多老先生，每日在图书馆查找资料、阅读、写作，我看到他们，常常想到博尔赫斯的那句话：如果有天堂，那它一定是图书馆的模样。其中有一位老先生，叫李怡严，每天一大早，在图书馆排队等入馆的总是他。新年过后，第一天开馆，我去图书馆，远远看到老先生站在门口。大概是我每次也比较早到，我们渐渐熟悉起来。李先生已经80岁了，早年是研究物理学的，曾经做过台湾清华大学的教务长，后来50多岁就退了休，然后一直在研究先秦的历史。他送了我一本他的新著——《科学与历史》。最近又在研究清华竹简，做的讲座我们大部分人都是听不懂的，但是老先生的精神很是感染人。每次回想起这段岁月，我都不免动情，这样的大学，这样温文的图书馆的工作人员，让像我这样的书呆子好像找到了回家的路。

每到周末，我都会去台北或者其他地方旅行，和很多当地的人交流，也结交了不少朋友。总体的感觉，台湾人都很热情。每次回来想到他们，我总是觉得很温暖。临行之前，我去拜别几位在台认识的朋友，仿佛觉得这里才是故园，而自己即将远行，离开故乡一样。真是颇为奇怪的感觉，却是真实的。

经济学家和学术期刊

王 军*

看到这篇文章，一些读者会想到诺贝尔奖获得者乔治·斯蒂格勒的《经济学家和说教者》。不错，本文的写作初衷正是源于此书。在这部40年前出版的论文集中，斯蒂格勒不仅阐述了经济学家的作用，而且还探讨了与经济学家这一职业相关的若干问题，如论文写作和学术期刊等。自那以后，越来越多的经济学家开始关注这些问题，研究内容日益深入和广泛，并形成了今天被称为"经济学的经济学"的新兴学科。本文希望从这一领域中采撷几只最美的花朵，以飨读者。

一、学术期刊为什么重要？

学术期刊的重要性是不言而喻的，从小处想，它影响着职称评定，决定着经济学家的饭碗；往大里讲，学术期刊是打造学者声誉和学术地位的必经通道。当然，最主要的是，只有通过学术期刊，经济学家才能传播学术思想，展示学术创造，履行作为一位学者的使命。一句话，经济学家离不开学术期刊，而学术期刊也需要经济学家的支撑。

今天，只要访问国外研究型大学任何一位经济学家的主页，查看个人简历，首先映入眼帘的是何年何月在何种期刊上发表了什么文章，在什么会议上做过什么发言、接受过哪家媒体的采访等。相比之下，得到过或主持过什么课题几乎不值一提，或许这样做符合国外学者约定俗成的理念，因为作为一种产出，公开发表的论文无论如何都要比作为投入的内容，如抢到什么级别的课题要更有意义，没有什么比"一头牛只产奶不吃草"的传说更催人奋进的了。

在这样的学术生态环境下，一位严肃的学者，其学术生命总可以由其简历来加以定义，每篇学术论文都好比一座里程碑，记录着学者的心路历程。如果某一

---

* 作者为天则经济研究所客座研究员，教授。

年没写东西,没有文章发表,这位学者或许会觉得内心空空的,好像这一年什么也没做一样。

在美国等发达国家的经济系,发表文章是获得永久教职的敲门砖。对于那些刚刚获得博士学位的年轻学者而言,如果在考核年限未能在指定期刊上发表像样的论文,就得走人。通常,在助理教授这一级别,可用"铁打的营盘流水的兵"来形容,岗位人员流动性很大。这样的制度安排,在给年轻人增加压力的同时,也为学术创新带来了生机和活力。毕竟,在最容易出成果的年纪,就应该给年轻人快马加鞭,尤其在经济学高度技术化的今天。当然,质疑这种做法的声音从未间断。我们不能说这种人才选拔机制没有问题,只是这种沿袭多年的做法与其他选择相比,合理的成分要更多一些。

目前,中国一些研究型大学已经开始采用国外做法。譬如,国内一些高校对新引进博士,没有规定的教学任务,他们的工作职责就是做研究,撰写并发表学术论文。尽管这样的现象在国外早就司空见惯,但在中国,其实是随着越来越多"海龟"加盟精英高校之后才出现的。

熟悉经济学的人都知晓它的复杂和精密,这也是它与其他人文社科最大的差别。即便是职业经济学家,读自己不熟悉领域的学术论文,恐怕也会有隔行如隔山的感觉。譬如,打开一本好一些的经济学杂志,乍一看还以为是本数学杂志。一个极端的情形是,国际顶级经济学期刊发表的一些论文,有时全球仅有极少数专业人士可以读懂,用"高、精、尖"来形容都不为过。现代经济学的这一特点意味着,非专业人士不大可能阅读,也未必懂得充满数学公式的学术论文,也正因如此,如何让晦涩难懂的学术论文通俗化,让更多的学术思想传播开来,确实需要花些心思。

互联网的兴起为上述想法的实现提供了可能,知识现在可以更为便捷的方式进行传播。正如麻省理工学院一位经济学教授所指出的,进入21世纪以来,美国一流经济学家在重要期刊上发表的论文数量不是在增加而是在减少,究其原因主要是互联网改善了这些学者传播知识的能力,他们不再囿于过去那种传统冗长的评审过程来发布其研究成果,因为在国际一流期刊发表论文,通常要花好几年的时间。

现在,越来越多的经济学家已不再通过纸质的期刊来传递思想,而是以博客等方式,发布个人的研究心得和对社会问题的看法。当然,这些人大都是一些功名成就的学者。例如，诺贝尔奖得主加里·贝克尔和另一位著名学者理查德·波斯纳联合开设的博客在学术界就享有极高的声誉，这个博客上的许多文章还被国内一些财经杂志以相当正式的方式移译过来，而根据这个博客汇编的文章，更成为一本全球畅销的读物。

如果说在一流学术期刊发表文章能够产生学术影响力的话，那么，与阳春白雪式的学术期刊比较起来，在大众媒体发表观点传播更快，社会影响也更大。只是，作为职业经济学家，在学术期刊发表论文是第一位的，也是必需的，至于是否选择在大众媒体和自媒体上发声，则完全取决于学者个人。

经济学家之所以会在大众媒体上发表通俗易懂的文章，无非是希望把曲高和寡的观点平民化，让更多的社会公众可以接近，容易明白。例如，诺奖得主保罗·克鲁格曼长期在《纽约时报》担任专栏作家，不少人早已忘记或不知他的经济学家身份。克鲁格曼实现了专业学者和公共知识分子双重角色的自由转换，其专栏文章无所不包，影响巨大，早已超越了传统学者能够达到的境界。不过，话说回来，如果没有足够的学术功力，没有经过近乎严苛的学术论文的"洗礼"，在大众媒体上发表观点恐怕也难以做到缜密和深刻，能否站稳脚跟都成问题。

总之，无论是学术期刊，还是大众媒体，他们都是经济学家进行说教的场合。二者作用不同，不可替代，但相辅相成。身为经济学家，要想在"圈子"内立足，就需要一些像样的学术文章。在互联网时代，经济学家多了些选择，可以随时随地发布个人见解，展示自己对重大问题的看法。在表达观点的同时，这些声音也会起到影响政策制定者、帮助社会公众理解复杂事件的作用。其实，一个健全的社会特别需要各路专家走出"象牙塔"，以更直接的方式为公众提供智力服务。

二、如何评价学术期刊的优劣？

评价从来就不是一件容易的事，因为总是会牵扯到一些主观因素。即使面对的是客观对象，由于研究者偏好不同，评价结果也会有别。要评价学术期刊这样的知识产品，一定也会出现众说纷纭、莫衷一是的情况。

话虽如此，但也不必悲观。因为通过长期探索，期刊评价已建立起一套完整的体系和做法。目前，这一领域从业人员之多，足以撑起一门风生水起的学科，即文献计量学。

既然学术期刊是一种知识产品，那么，对学术期刊的评价就应该遵循知识产品的特点。知识产品拥有其他普通商品所不具有的属性，这不仅体现在衡量知识产品的价值不能沿用衡量普通物品的尺度如价格上，甚至也不能用销售量来衡量学术期刊的影响力。毕竟，凝结人类智慧的知识产品并不是流水线生产出来的，不可能用通常的财务指标来衡量其生产成本。知识产品更多是学者充满个性的创造，从这个角度来看，知识产品更接近于艺术品。理解这一点是有益的，因为我们只有从知识产品的属性出发，才能理解和把握学术期刊的评价思维和方法，否则我们的认识注定是片面的。

期刊质量和影响力的评价十分复杂，因为它既涉及客观的衡量指标，也有无法量化却影响人们对质量认同感的主观因素，如期刊的学术声誉、传统和偏好等。通过比较同一期刊在不同时期指标的变动，可以观察期刊质量的变化，而通过不同期刊相同指标的衡量，又可了解不同期刊的影响力进而对其排序。这其中，决定评价结果的因素除去方法以外，数据的可获得性是极其重要的一个方面。

期刊评价已建立起一些指标体系，如以文章被引频次为基础计算而得的影响因子就成为普遍认可的衡量期刊质量和影响力的指标。影响因子通常是指最近两年文献的平均被引用率，即期刊前两年发表的论文在评价当年被引用频次的总和除以这两年的发文总量。以此为据，引用频次高的论文可推断为高质量文章，而影响因子高的期刊可认定为高质量期刊。其中，引用是衡量期刊和论文质量的关键指标。学术界一直流行这样一种说法，即引用是学者间最真挚的一种奉承方式，可见引用的重要。没有引用，期刊评价恐成无本之木。

目前，经济学家对期刊评价的研究多围绕影响因子及其质疑展开，涉及以下几个方面：一是，若影响因子的计算包括自引，统计结果的偏差就难以避免，因为论文作者一般会更多地自我引用；二是，创刊时间——历史悠久的期刊一般累计的被引频次较高，这种历史因素在评价中得到适当且不过分的计算是个问题；三是，期刊的篇幅和容量也很重要，发文量多，如文章质量不变则可带来更多的引用。

除去影响因子以外，评价期刊还有一些其他指标，如被引频次、被引半衰期及引用半衰期等。以被引频次为例，其最突出的特点是它的客观性，这是它与其他主观评价指标的根本区别。上述这些评价指标，差别只是从不同角度衡量期刊不同的侧面而已。

说到底，期刊的质量和影响力是由刊发文章的质量决定的。文章的被引频率越高，期刊的质量也就水涨船高。这一点对于衡量研究型学者的影响力同样是适用的，如果一位学者的研究被更多地引用，那么，这位学者就拥有了更大的学术影响力。不过，学术影响力不仅需要足够的被引频次，还需要时间的检验。

2011年，《美国经济评论》为纪念发行100周年，邀请包括多位诺贝尔奖得主在内的学者，选出该刊过去百年发表的最有价值的20篇文章。遴选的标准是文章的质量和意义。即使是著名的经济学家，也未必都能写出经典的作品，如名噪一时的欧文·费雪虽在《美国经济评论》发表过多篇论文，但现在看来，这些文章的价值都不大，甚至转瞬即逝。这一事例提醒我们，学术影响力需要时间来酝酿。

应该说，国外学者对引用问题的研究已相当细致。几年前，一位经济学家曾探究学术期刊的首篇文章是否能带来更多引用这一问题。通过实验，发现如果文章被列为第一篇刊出，那么其额外增加的被引频次中有2/3的原因是因为被安排在首篇发表，而另外1/3的原因是由于文章本身的质量带来的。由此可见，一些与文章关系不大的外在因素同样对文章发表后的引用施加着影响。

在学术期刊市场上，优秀的要广而告之，劣质的也要曝光。美国加州大学一位经济学教授曾分析盈利机构主办的经济学期刊和非营利机构（如各类经济学学会）主办期刊的差异，发现前者订阅价格奇高，而被引频次很低，这位学者开列出36本在不同国家出版的英文期刊，并称其为"流氓期刊"（Rogue's Gallery），这份轰动一时的"黑名单"中不乏世界知名出版商（如Elsevier）等发行的刊物。接着，这位教授对这些质次价高的期刊进行了声讨，指出这些商业出版社从大学图书馆攫取了大量钱财，加重了大学财政负担，并警告经济学家可能在为这些低劣期刊提供无偿的审稿劳动。不过，正如这位教授所言，期刊与其他商品不同，其市场也是个"奇怪的"市场，质次价高的"流氓期刊"并不会被那些既便宜引用频次又高的优秀期刊所淘汰，因为这些期刊并不是替代而是互相补充的关系。

国外尚且存在"流氓期刊"的情形，中国的情况也不容乐观。中国官方媒体曾曝光过多起期刊敛财的事件，作者只要付款，这些期刊就刊发作者提供的文章，既无正常的审稿机制，也无任何质量保证。更有甚者，这一"地下产业"没有偃旗息鼓的迹象，还发展壮大，形成找"枪手"代写论文到发表的一条龙服务。显然，这样的现象是极其有害的，需彻底取缔。

三、结束语

自从经济学家成为一种职业以来，它与学术期刊的紧密联系一直未被撼动过。虽然互联网给知识的传播带来了更多的选择机会，但高质量的期刊，无论是纸质的，还是电子的，需求依然强劲。学术期刊仍将是经济学家公布知识成果、进行说教的重要渠道。

应该强调的是，决定期刊质量和影响力的最终力量还在于学术氛围、文化和传统等因素。众所周知，在西方发达国家的研究机构中，对于职业经济学家已经有了一整套完善的录用、晋升和辞退制度。其中最重要的考核标准便是在匿名审稿期刊发表文章的数量和质量，身处如此学术生态的学者无不感到发表文章的巨大压力，"要么发表文章，要么面临毁灭"的感叹在学术界流传甚广。尽管这样的观点有些危言耸听，但多少反映了经济学家的职业特点，折射出西方发达国家的学术文化。可以想见，在这样的学术环境中，学者自然会有强烈的动机去追求效用最大化：通过在著名期刊上发表更多的学术论文，获得晋升或永久的职位直至打造学术声誉等。正是一代又一代学者的不懈追求，确保了一流期刊的质量和影响力。

近年大学教师流动的原因与结果

孙文凯 *

一、大学教师流动在增多

打开微信朋友圈，隔三岔五总能看到同行的教师朋友跳槽的信息，有的是由于考核不达标而被迫转到其他高校，更多的则是受到更具诱惑力的职位和薪酬吸引而加盟其他高校。微信群里不断发布着各地高校吸引人才的招聘信息，凸显了当前经济学界人才流动的活跃气氛。

近几年，中国经济学界有两个醒目的现象。第一是大量海外归国人员到国内任教，包括大部分海外学成毕业博士以及少部分已经在海外任职多年的教授；第二个现象是教师流动在国内各个高校间时有发生，其总规模超过了以往大多数时期。这两个现象共同特点是教师流动多半是从"高"往"低"流，并且主要是通用市场化的机制自发推动。

众所周知，我国的大学是计划体制改革的一个顽固领域。中国大学基本是公立高校，大学教师属于有编制的体制内人员，和国家公务员、其他事业单位员工类似，享受国家财政按照编制数量拨款。如果要离开本校去其他高校，往往只能走"调动"途径。所谓原单位"不放人"、本单位"不接收"等现象比比皆是。从人力资本有效配置的角度来说，人才的合理流动有益于提高人力资源的优化组合与利用效率，并且能够促进竞争，淘汰不合格人员，让更优秀的人才脱颖而出。而高校长期以来由于制度原因教师流动率极低，高校教师队伍极度僵化，"近亲繁殖"普遍，一所学校、一个学院内全是师兄弟、师徒关系的也很普遍。这使得高校内部凝聚力强，气氛融洽，但缺少竞争。在大学内部，以资历、职称和行政等级来分配蛋糕成为约定俗成的法则。这种法则并不公平也无效率。这种机制能够长期保持，主要原因在于学校相对而言具有信息不完全公开和不以营利为目的

---

* 作者为中国人民大学国家发展与战略研究院研究员，经济学院副教授。

两个特点。信息不完全公开使得外部社会不很了解大学内部状态，往往需要偶尔的内部爆料才会引起媒体和大众关注；而不像企业一样以盈利为目的使得大学即使竞争力不强也可以生存，大学间竞争动力弱。由于教育部评价内容多元化，一些传统学校仍然可以在教育部学科评估中占有主动，从而没有动力改变。在1998—2002年这段国企改革激烈的时期，大学内部改革较缓，高校教师的人才流动市场迟迟没有形成，高校科研能力发展极慢。

大批海外人才进入国内高校，本身是国外高校人才市场竞争激烈的产物，这给海归输入国内提供了动力源。同时，在2003年之后，随着清华大学经管学院等一批国内顶尖高校经济类专业引入特聘教授，国内高校逐步开始对海归人员加大招收力度，以提升国际化水平，这本身是国家经济国际化、学术界视野扩展的产物。在顶尖高校带动下，地方高校对高端人才竞争也在加强，争夺顶尖高校的师资和海归人才，形成了以不同"人才"命名的众多人才争夺项目创新以及针对原有体制外人才的创新机制。除了国际化带来的视野放宽而使得高校追求高水平人才提升自己这一原因外，社会各界对经济学认识和关注程度也在加大，使得各高校努力吸引明星人才。此外，教育部学科评估内容也在逐步变化，逐渐将国外一流期刊发表纳入各所高校院系学科评估排名内容中，同时加大了中文重点刊物影响权重，这些也使得各所高校对发表顶尖刊物论文的人才更加重视，加大吸引力度。

人才的流动给国内经济学界带来了较大冲击。高水平教师流动，给接收单位带来了新鲜血液，给教师学生带来另类思维，很大提升了本校的名誉或科研教学实力，甚至能够和原来等级更高的高校叫板，缩小了高校间差距，形成了较理想的健康竞争格局；教师的离开也对原单位产生压力，使其形成更尊重人才的氛围。这种市场化发展格局对于教师这一人力资源再匹配具有极大推动作用。

虽然国内高校教师流动有诸多好处，并且流动规模有了相当明显的提高，但是整体规模仍不大，大学教师计划经济安排属性的基础框架没有改变。这和我国高校教师市场不健全、流动机制不完善有关系，仍需积极向国外高校学习。

二、发达国家的经验与我国的差距

在发达国家，很多制度性安排使得教师在不同学校间流动较大。这些制度目前已经为大家所熟知，包括教师职业发展的非终身制、不留本校毕业生的制度、非升即走等制度。并且教授们也因此习惯了流动，甚至在世界范围内寻找下一份工作。非终身职业发展路径往往和"非升即走"是一体的，一般来讲，在一段期限内（如6—9年）如果没有达到学术要求并获评更高职称，则要被辞退以另谋其他岗位。只有达到很高要求后，才会获得终身教职。但在这之前，是一个痛苦的过程，可能需要辗转多所学校，并且努力将学术成果发表在最顶尖的期刊上。现在华人经济学界有名的教授如钱颖一、洪瀚等在美任教时都曾经有过辗转多所学校的经历。另外，美国大学基本有"不留本校毕业生在校任教"的传统（有些学校是明确的成文规定，有些是默认的传统），以避免学术僵化、任人唯亲或形成自己人的小团体。即使是优秀的毕业生谋求教职也一般要先到其他高校发展一段时间才可能回到本校。这使得高校教师并不会与自己就业所在学校有多大感情，发生流动时不会有太多牵绊。当然，这个"不留本校"有时会退化成"不留本院"，即不同系间优秀毕业生有时还是可以互相吸纳就业的，但这也属于少数。伴随着人才的不断流出，高校市场的招聘也很活跃，各所高校都有明确的公开招聘制度，几乎可以随时对优秀研究人员面试录用，使其进入新单位就职。这种推拉双重力量结合，使得西方发达国家教育领域研究人员流动非常活跃。另外，高校兼职现象非常普遍，有才能的教授受到各方礼聘。机制灵活也是西方发达国家高校教师流动性强的重要原因。

整体而言，我国高校教师流动程度仍然是相当有限的，并不具有西方国家高校教师流动的基本规模与特征。根据教育部统计，我国高校教师校际间流动率只有1%左右，高校教师校际间流动对于一些高校而言是多年一遇的事件。我国高校教师仍然没有形成统一的流动市场，各种体制因素是主要原因。其中，高校教师终身制是高校教师不流动的根本原因。一个博士毕业生进入高校任教，只要达到最基本的科研要求和完成教学任务，则没有被辞退的风险，就是端起了"铁饭碗"，没有"非升即走"的压力。一直以来，这种制度使得大学教师缺少最大程度提高自己的动力，形成了与国外学术界前沿的巨大差距。即使科研能力严重落伍，所在高校也会尽量寻求各种办法保护这类员工尽量不受损失，比如任职多年或临近退休的教师不会被解雇、教学科研岗可转为教学岗、教学岗可转为行政岗，但仍属于编制内职工，并且这种小小的惩罚也是极为罕见的。在这种考核不严格和受到充分保护的情况下，很多大学教师的第一任务并非努力提高自己的科研和教学水平，而是通过各种方法利用大学教师的身份在社会上赚钱，或者最好是去说服行政领导使自己获取更多资源。所在单位由于编制名额限制，腾不出过多编制名额去招聘更高水平的新教师。总之，"铁饭碗"制度是大学教师流动性差的根本原因。这个问题不解决，大学最多只能做一点增量改革，不可能靠人才流动迅速脱胎换骨。此外，目前高校对外招聘也没有一个规范的市场。在传统的体制内招聘，仍然主要是行政领导拍板决策，"近亲繁殖"利益输送现象比比皆是。即使是现在，也只有少数顶尖高校开始执行了不留本校毕业生的机制。由于越来越多大学引入海归，越来越多学生到国外读大学带来的外部竞争压力增大，各所高校在改革以引入海归人才，但多半是实行"双轨制"，即保持一部分体制内人员招聘的同时，招聘一部分体制外高收入高能力人员。在这种不给编制给高收入的体制外教师岗位的改革突破口中，普遍现象是涉及人数很少，过程不规范、无规律，且没有获得国家经费支持，多为学校靠自身创收能力维持，未来能否持久也存在问题。在改善流动的另一个突破口——兼职领域，目前各高校间教师兼职主要是由一定行政级别领导互相聘请或者各种"人才"头衔的学者多地任职，远没有达到充分利用人才的程度。

我国的大学教师流动性差，人力流不出、人才流不入，流动中又有很多不合理因素。经济学界流动虽然不高，但相比于其他学科已经算是不错了。

三、在当前状况下和未来的讨论

高校教师的合理流动是增加知识交流、合理竞争和人才优化匹配的关键，但在我国目前情况下，相比于国外非终身制、非升即走、不留本校毕业生等机制，国内高校做得远远不够，甚至做法恰恰相反，并且短期没有能够根本上改进的迹象。

这种结果本质上是由公立高校为主的计划体制造成的，高校满足于即有排名现状，没有动力和资源去作改变。国有体制的委托代理人问题在高校中非常严重，催生了小团体、不顾大局和养懒人的传统机制，可以说已经形成一个较稳定的均衡。另外，高校内部人才素质参差不齐，系统性改革在操作上难以替代增量改革，所有制的本质问题是高校最大的问题。

在当前体制下，要提高高校内部人力资源配置效率，一个最主要的方式应该是自上而下的推动，改革学科评估机制是最主要的可选项。在缺少可靠的社会认可的独立第三方评估机构的情况下，教育部对各高校评估时增加科研成果内容理应是最主要的外在促进改善手段。当前学科评估内容包含了很多杂项，比如给国家社科基金重大项目等很大权重，而从这些项目分配目前看，并不能十分准确地反映科研能力。教育部也意识到应该给学术发表特别是国内外重点刊物发表以更大权重，这样才能从外部给高校内部尊重人才和差异化对待不同素质人员创造环境。前不久，教育部适时推出新的各学科国内外权威刊物列表，并加大权威刊物评估权重。从经济类的刊物列表来看，可以说是非常合理的列表，也反映了教育部已经意识到之前学科评估存在的问题以及其衍生的负面影响。但是，这个列表又在众多既得利益者的抵制下被撤回，形成了又一出闹剧。在当前体制下，改革只能缓慢进行，比如评估列表及权重也只能缓慢调整，并应当不断调整。

从长期看，要真正建立有效的高校人才市场，还是要依靠内部激励和外部激励相结合的机制。改变当前官本位行政主导和计划性质的人事关系是第一位的高校改革措施，使高校进步与高校管理者利益最紧密关联起来，并且拥有相对自由人事权。同时外部的科学评估和严格执行也是必然需要的，担任者可以是独立第三方，也可以是直接上级的教育部门。这些改革，相信将是一个长期的话题。在完成之前，国内大学还有很长的路要走。

【学界万象】

你怎么舍得我难过？
——对指导本科毕业论文的几点思考

冯 伟* 张玉林*

又是一年毕业季，又是一年答辩季。每年的六七月份，都是大学校园里最忙碌的时候。大一到大三的学生忙着期末考试，大四的学生却要忙着他们人生中的第一份毕业论文。谈及毕业论文，很多学生都会展现出一副非常惶恐的表情，嘴里还会说着："天哪，为什么还要写毕业论文？"是啊，为什么要写毕业论文呢？本文就借着茶座的这块宝地，聊一聊本科生写毕业论文的必要性及如何更好地推进本科毕业论文的设计工作。

一、貌似是件吃力不讨好的事情

提及毕业论文，很多学生会表现出非常痛苦和无奈的样子，貌似他们欠了毕业论文很多的债，现在到了不得不还的时候了。之前笔者看到过多位专家的观点，他们建议取消本科毕业论文，给出的理由非常直观，主要有：写毕业论文会占用学生很多的时间；由于很多学生存在应付心理，与其滥竽充数、东拼西凑，不如直接取消；等等。有些教师和学校为了让学生能正常毕业，不得不降低毕业论文要求，使得毕业论文过于流于形式等等。

如此看来，写本科毕业论文真是费时费力，对学生、教师和学校来说貌似都是费力不讨好的。首先，学生要花费大量的时间找资料、读文献和写论文，这给本来已是较为忙碌的大四生活增添了几分焦虑和惆怅；其次，教师也要挤出较多的时间去指导学生的论文选题、审阅论文内容和提升论文质量，这给本来已较为繁重的教学科研增添了几分压力和紧迫；最后，学校为确保大批量本科毕业论文工作的顺利展开，也会投入大量的人力、物力、财力去管理和维护整个毕业设计工作，同时为尽可能地提升毕业论文的质量，还会煞费苦心地想出各种办法防止

---

* 作者冯伟为东南大学经济管理学院副教授；张玉林为东南大学经济管理学院教授，副院长。

和杜绝学生抄袭、剽窃及找人代写等各种不良现象，这给原本较为繁忙的日常事务也增添了几分凌乱和负担。

从以上可以看出，进行本科毕业论文设计工作是一项缺乏互利互赢的博弈活动，学生、教师和学校，都难以从中获得应有的正向收益（payoffs）。然而，是否真如一些专家所言，可以取消本科毕业论文呢？本科毕业论文真的让大家都很"难过"吗？

二、实则是件受益匪浅的事情

下面，笔者将从学生、教师和学校三个层面来逐一剖析撰写、指导和推进本科毕业论文的必要性和有益性，以此更好地明确本科毕业论文的意义和价值。当然，这也仅仅是基于笔者在校工作的经验和体会，难免会有偏颇和不足，敬请指正。

首先，对于学生来说，可以获得智商、情商、逆商等的锻炼，以及文笔的提升。尽管对于缺乏写作经验的本科生来说，撰写毕业论文确实是一件非常痛苦的事情，但俗话说"一分耕耘，一分收获"。笔者在指导本科毕业论文过程中也会遇到很多学生跟笔者发牢骚的情况，说他们不会写毕业论文，觉得写毕业论文真是件难于上青天的事情。此时，笔者一方面会打趣地问他们，"想当年你们写情书时困难吗？"估计都是饱含情感地一气呵成；另一方面则会认真地说，不应把写毕业论文看作是一件费时费力费心的事情，而是一个展现自我才华、提升自我素养和培育自我情怀的过程。

本科毕业论文，应该说是学生时代的第一份较为正式和系统的论文，是大学四年学习成果的集中展现。因此，一份毕业论文，不仅可以反映出学生写作态度是否端正，而且也可以体现出学生大学四年的学习效果和自我才华。打个比方，如果把大学期间的所有考试看作是检验学生学习效果的一粒粒珍珠，那么毕业论文就可以看作是这些珍珠串成的一串项链。这也如同一个习武者，经过多年的苦练，想要出师，必须要将多年的所学所悟展现出来，只有师傅同意了，方可自立门户。撰写毕业论文也是一样的道理，从选题开题、框架设计、内容撰写、修改完善等，都需要倾注心血、付出汗水，在这一过程中如果没有四年的专业知识积累，没有费一番心思地琢磨，是很难完成的。正所谓"台上一分钟，台下十年功"，没有认真思考和用心付出，即使通过其他途径完成了毕业论文，但是在答辩时也很难说出个所以然来，马脚就很容易露出来。

同时，学生在撰写毕业论文过程中，自然也离不开导师的指导。这就需要学生发挥主动性，积极与导师讨论写作过程中所遇到的各种困难和障碍。然而，在中国的教育背景下，很多学生从小就对教师有种敬畏感，不愿意甚至不敢和教师交流。作为即将毕业的大四学生来说，不论是深造还是就业，都将面临愈加多样和复杂的人际关系，如果现阶段不会或不能和导师沟通好、相处好，那么即使进入新的阶段也未必能有很大的改进。因而，在毕业论文设计过程中，学生可以充分利用和导师及其他教师沟通交流的机会，不断积累和提升人际交往的技巧和能力，毕竟完成一份毕业论文，仅凭学生的个人力量，还是比较困难的，更多需要教师的引导和点拨。而要将毕业论文设计中所存在的想法、问题或困惑，顺畅地向指导教师表达出来，需要的不仅是一定的胆略，更多的是一些做人做事的基本态度和方法，如怎样使用敬语、怎样才能将问题描述清楚等。

另外，对于初次写毕业论文的本科生来说，在撰写过程中，难免会遇到很多困难和挫折。通常来说，一份本科毕业论文需要1.5万字以上，涉及"提出问题—分析问题—解决问题"三个部分。这对于几乎是零写作基础的本科生来说，无论是从文字数量、体例编排，还是架构设计、行文分析上，都是不小的挑战。因而，正确处理好写作过程中所存在的各类困难，如数据搜集、方法选择、实证分析、机理说明等，不仅是确保毕业论文顺利完成的前提，而且也锻炼着学生的心智和应对逆境的能力。因为完成一份毕业论文，不是两三天或两三周就能突击搞定的，往往需要一个学期甚至更长时间，而且在这一过程中难免会遇到诸多的困惑或"拦路虎"。调节自己，正确看待失败，对于顺利撰写完成毕业论文也是至关重要的。

完成一份本科毕业论文，对于提升学生的文笔也是功不可没的。这主要在于毕业论文，并不像平时的小论文或者读书笔记，只是针对一个小的问题写一点或者可以天马行空地展开来写。毕业论文涉及多个章节，需要整体布局和系统谋划，这就要求学生不仅具有行文时的框架意识，而且还需要有一定的文字处理能力，即所谓的文笔。在指导毕业论文的过程中，笔者经常告诫学生，可以将毕业论文作为提升自己文笔的一个机会。毕竟将来毕业，走向社会，绝大部分学生所从事的工作不可能是卖苦力的活儿，而是更多地与文字打交道，如文案处理、业务分析或战略研究等。因而，如果能有一手好的文笔，不仅能使自己的工作开展得更为得心应手，而且也会得到领导和同事们的称赞和钦服。现阶段，学生之所以会出现提笔难、落笔更难或者"书到用时方恨少"的窘境，主要在于平时训练的机会不多甚至没有，大部分的课余时间几乎都被各类习题、考证甚或是游戏、电视剧等占据，很少有学生能抽出时间来针对现实问题运用专业理论写一些时评或者论文。因而，对于平时缺少写作锻炼的学生来说，写好毕业论文，确实是个提升文笔的好机会。只有平时写得多了，才知道写作的门道儿，也才明白写作的重要性。

其次，对于教师来说，可以获得更多的尊敬和传道授业解惑的成就感，产生正向的外部效应。虽然指导学生进行毕业论文写作会占用教师一部分时间，但是对于教师来说，也可以从中获得很多的收益。一是能将自己所掌握的知识传授给学生，获得应有的尊师重教感，这也如同拜师学艺，学生进入导师门下，导师就有将其培养成才的责任，看着学生经过自己的指导和训练，从无从下手到学有所成，从门外汉到行家，甚至超过自己，心中的成就感油然而生；二是教师对学生的影响，往往是不容小觑的，教师的一言一行都可能会对学生产生深远的影响，甚至是学生对人生道路的选择，因而如果能够将指导学生作为自己事业发展的重要组成部分，这种看似具有沉没性质的投资，其实未来的收益是很大的，毕竟对于大多数学生而言，教师是其获取教育的最重要渠道；三是从教师个人功利的角度来看，通过指导学生，可以将其所申报的课题或想研究的内容分解成各个部分，作为学生的毕业论文题目，让学生来完成，而自己可以作为总协调人或总负责人进行统筹布局，不仅能锻炼学生的助理研究能力，而且能分担自己的科研任务，缓解自己的科研压力。

最后，对于学校来说，可以树立良好的声誉，获得社会的广泛认可。众所周知，学校是培育人才的摇篮。每年有大量的学生涌向学校，又有大量的学生流出学校，这"一进一出"检验的是一个学校培育人才的质量和效果。试想，如果一个比较知名的学校招收了非常优秀的学生，但是输送出去的是不会写或者写不好毕业论文的毕业生，那么整个社会尤其是用人单位对该学校的评价将不会太好，因为这些毕业生很难进入工作角色，学校也将会失去名校的声誉。反之，如果一个比较普通的大学，对学生培养非常重视，对学生的毕业论文也严格把关，学生也能从中切实获得有益的写作能力，那么该学校毕业的学生虽然相较于名校的学生起点可能会比较低，但是发展的后劲儿并不会输给名校学生。因为这些毕业生上手比较快，能较为平稳地度过工作磨合期，而且经过了长期的市场检验和重复博弈。用人单位也会更加青睐受过严格写作训练的毕业生，关键是其性价比也比较高。

长期下来，普通学校也就会变得不"普通"了。当前，国家正在进行"双一流"建设，即创建"一流大学，一流学科"，这其中非常重要的一项内容就是要"培养拔尖创新人才"。可见，人才培养对于学校发展来说是多么重要。严把大学毕业前的最后一关，即毕业设计，也是"双一流"建设应有的题中之意。

三、做好本科毕业论文工作的几点建议

总的来看，本着一种认真负责的态度，不论对于学生、教师还是学校，开展毕业论文工作都是非常有益的，而非是一件"难过"的事情。那么，如何才能更好地调动和发挥这三者的积极性呢？

首先，对于学生来说，要高度重视，应当把毕业论文看作是大学生涯结束前的最后一张考卷，集四年学习所得，尽全力做好。这就要求学生不能潦草应付毕业论文，而应将之看作是提升文笔和综合能力的绝好机会，要从毕业论文的撰写过程中学会为人处世、接受逆境、培育心智，以及写作规范、表述清楚、行文顺畅等的技能和方法。倘若抱着一种玩世不恭或者随便应付的心态来对待毕业论文，那么最终"难过"的只能是自己，毕竟"出来混，早晚都是要还的"，今天的不努力，势必会给未来的自己带来更多的懊悔和压力。

其次，对于教师来说，要尽心尽力，站好本科教学的最后一班岗。或许指导学生进行毕业设计会占用自己较多的科研时间，但是如果把这项工作分解到一个学期或者更长时间，化整为零，其实并不会太耽误科研，反而通过与学生的交流，能获取更多新鲜的信息或想法，有助于深化科研。而且，如果所带的学生将来跟着自己读研究生，那么提早接触学生，让学生早点融入自己的研究团队，会给未来指导学生省去很多时间。另外，在指导学生过程中，教师也可最大限度地发挥学生思维活、想法多、精力足的优势，让学生根据自己的兴趣去选题和立论；教师自己只是作为一个引导者，确保学生的论文更具规范性、专业性和学术性。通过这种分工合作，既可激发学生的写作热情，使其毕业论文更具生动性，也可尽可能多地减少指导教师为学生寻找适宜的毕业设计选题而带来的无形工作量。当然，在这其中指导教师的责任心是非常关键的。现实中，确有部分教师存在着应付心理，觉得本科毕业论文随便应付一下即可，不想投入太多精力。这种想法不仅从本质上有违教师的基本宗旨，而且不会给自己带来良好的口碑和声誉以及更

为长远的"桃李满天下"的回报。

最后，对于学校来说，要服务到位，提供完善的毕业论文管理系统，同时还要设定一定的毕业论文标准。学校作为毕业论文的宏观组织者，更多的是为整个毕业设计工作提供服务，确保学生和教师能够方便、快捷和顺畅地完成毕业论文的撰写和指导。因而，搭建一个电子化和信息化的毕业设计网络平台是非常必要的，这样可以最大限度地节省学生和教师之间的沟通成本，而且便于管理。同时，也要设定相应的毕业论文标准，其中不仅包括毕业论文的格式标准，即大到字体字号的选用和表格图形的画法，小到文献标注和注释引用，甚或是标点符号的使用等，而且还包括毕业论文的质量要求。之前笔者读到上海财经大学陈杰教师所写的一篇博文《本科生论文的标准是什么——从参加复旦大学经济学院本科生毕业论文评审的感想说起》，文中谈及复旦大学经济学院对本科毕业论文设定了所谓非常"高大上"的标准，即对本科毕业论文仿照研究生毕业论文那样实行校外通讯评审。固然这种方式并不能在所有学校展开，毕竟大部分学校的本科生人数非常多，但是这种高标准、严要求确实值得各所学校借鉴和学习。同时，陈杰教师也列举了关于本科毕业论文的六个标准，即独立性、规范性、科学性、专业性、可读性和价值性。可以说，设定标准，并不是轻视学生的写作能力，而是要通过严把严控毕业论文质量关，让学生最大限度地得到写作训练、提升专业知识的运用能力等，这对于学生职业发展、教师专业指导和学校长远发展来说都是非常有益的。

小费的经济学分析

包　特*

在国外的餐馆里吃饭,有一个和国内很不一样的地方,就是在付账的时候,咱们中国的饭馆通常可以打折或者抹零,而国外不但不能打折,还通常需要多给一些,作为服务员的服务费,或者俗称的"小费"。

小费的历史来源有很多说法,通常认为它起源于近代的英国,那时候很多伦敦的餐厅会在餐桌上放一只碗,贴上一个条子写道:"为保证迅速服务。"顾客放零钱进去,就可以得到更为迅速和周到的服务。这样想想,那时的小费其实更类似于一种"加急费"。但随着时代的演变,付小费已由饭前转移到结账的时候了。而且随着小费数额的逐渐提高,它从一种对额外努力的褒奖变成了默认必须支付的数额。越来越多的人对小费的必要性和合理性也产生了怀疑。

纵观世界,目前小费文化最强大的当属美国。在美国的餐馆里吃一顿晚饭,通常需要支付菜价15%以上的小费,而且据说如果给得太少,服务员真的会脸色难看并和客人理论。欧洲通常没有关于小费的强制要求。我以前在荷兰的生活经验是,如果是去普通餐馆吃晚饭,付账的时候把金额向上取近似值或者再加一两欧元就可以了。正式一点的晚餐大概给5%—10%的小费。旁边的德国大体也遵循5%—10%的惯例。亚洲的日本和韩国通常不收小费,新加坡和中国香港地区会收10%的服务费且是自动加在账单里的,不需要额外计算和支付。

那么,应该怎样从经济学的角度看待小费呢?从劳动报酬角度说,一般认为,美国餐馆需要给比较高的小费,主要是因为服务员的基础工资很低,甚至为零,所以如果客人不给小费的话,服务员就难以维持生计了。而欧洲国家大多为餐馆服务员提供较好的工资和劳动保障,所以不需要过分依赖小费。从这个角度说,可以认为美国的制度使得餐馆占便宜,而社会吃亏:如果服务员工资低的话,老板就可以打出较低的菜价吸引顾客,虽然理性的顾客可能意识到服务员的工资最

---

* 作者为新加坡南洋理工大学人文与社会科学学院经济系助理教授。

终会由小费支付，但由于行为经济学上常说的"心理账户"效应，他们还是会因此低估在餐馆吃饭的成本，从而更多地光顾餐馆。但同时，如果让服务员的收入以现金小费的形式而不是以工资获得，会大大增加政府征收所得税的难度。这样很多本来应该由餐馆老板代缴的税，就通过现金交易的形式在无形中被逃掉了。

从激励的角度来讲，以菜价固定比例收取的小费会使服务员更有动力去促使顾客点比较贵的菜，并且对点菜比较贵的客人服务更好。从最大化餐馆利润的角度来看，这个制度可能是有利的，因为它保证了服务员有限的努力投入到最产生利润的顾客身上。但从社会文化来说，它可能促进"势利眼"文化的增长。如果点菜少而便宜的顾客因此造成的心里不舒服的感觉大过了点菜多而贵的顾客的快乐的增加，这也可能引起消费者总效用的降低。

那么，消费者能从给小费的过程中获得什么好处呢？如果从单纯的博弈论角度来看，理性的顾客在没有强制要求情况下所支付的小费都应该为零，而实际中往往不是这样。可能的原因有：第一，顾客和餐馆的博弈可能是长期重复的，所以顾客可能想建立好的声誉，或者用"效率工资"的方式维持自己得到的好的服务水平；第二，小费制度虽然不一定保证服务都是高质量的，但还是可以惩罚服务特别差的服务员。这一点来说，欧美小费制度的差别确实造成了欧洲服务员的服务平均水平比美国服务员低很多，而且没有美国服务员爱和顾客说话。当然，对于我这种吃饭的时候喜欢安静的人，有时候也觉得美国服务员有点激励过强，说的话有点太多了。最后，根据行为经济学的"社会偏好"和"利他偏好"理论，也许有的顾客确实可以从慷慨给予中获得快乐，所以他们愿意大手笔地给小费，也许这也是生活中的乐事之一。

地铁安检面面观

党 印[*]

今天的城市生活中，地铁作为一种交通工具，正成为越来越多人的出行选择。地铁速度快、准时、不堵车、价格也不高，为人们提供了很多方便。但是乘地铁时，一道道安检程序却让不少人感到不方便甚至不可接受。

以北京地铁为例，"逢包必检、逢液必查"等乃是基本的安检规定，带水需要当众试喝，带条幅需打开让安检员过目，在重大节日或重要会议期间，不少地铁站还会增加金属探测器检查，安排警员查验身份证等。一些人认为，安检机有辐射，对人的健康会产生影响，因此排斥安检。排队将箱包放到安检机上，再排队拿下来，也会耗费时间，上下班高峰期的排队时间更长，这是对时间的浪费。当众试喝水，打开小包小袋子让安检员过目，类似于向安检员自证清白，一些人认为这是"有罪推断"，自己被假定为"可疑分子"，与安检员处于不对等甚至对立的地位，人格受到侮辱，隐私受到侵犯。再加上一些安检人员态度不好，素质不高，滥用权力，使本来就感觉麻烦或不被尊重的乘客怒火冲天。于是我们看到，乘客与安检员争执的情况屡有发生。

国内其他地铁站的安检方式与北京相仿。这种安检方式的初衷是保障乘客安全，在执行过程中却存在不少漏洞，比如各个进站口的安检严格程度不同，有时只检包不检人，安检员看上去没有战斗力等，使安检只能"防君子不能防小人"。如果犯罪分子想制造混乱，有太多可乘之机。因此不少人疑惑，这种安检能否真正阻止危险事件的发生，若有恐怖袭击，这种安检系统又有多大有效性？

安检公司的回应是，定期公布查出的违禁品及数量，表明安检的成绩与成效，也证明安检的必要性。但是这些成绩似乎很难让人觉得安全。因为现有的安检方式下，不敢想象还有多少违禁品成为漏网之鱼，如果真的发生危险事件，安检员能起到多大作用，安保系统如何保障乘客的安全？

---

[*] 作者为中国劳动关系学院讲师，经济学博士。

有人说，没有哪种安检方式可以100%保证安全，安检的目的在于预防，能在一定程度上威慑恐怖分子，提高百姓对危险品的认识，减少无意带入的危险品，安检就是有用的。而且安检可以引导乘客排队入站，营造良好的乘车秩序，又提供了大量就业岗位，何乐而不为？

如果这些理由成立，那么为何公交站不安检、医院不安检、酒店不安检、学校不安检、加油站不安检、商场超市不安检、公园游乐场不安检、一些人流量大的十字路口不安检？这些地方也是人群密集的地方，一旦发生恐怖袭击，这些人的生命不珍贵吗？毋庸讳言，威慑恐怖分子可以靠严刑峻法，培养安全意识可以靠舆论宣传，引导人群入站可以靠引导员，提供就业岗位的同时也占用了大量人力资本。看来，上述理由均不成立。

又有人说，地铁和飞机一样，一旦发生事故，很难逃生，既然机场有安检，地铁站当然也需要安检啊。如果这个理由成立，为何地铁安检员的专业素质与机场安检员相差甚远？如果地铁安检非常重要，为何不招聘高素质的安检员？其实在20世纪60年代前，坐飞机基本上没有安检，虽然有个别的劫机事件，但事后也只是加强了空中警力，并未增加地面安检程序。在20世纪60年代，国际上劫机事件日益增多，由于客机昂贵，乘客来自很多国家，劫机者提出的条件非常苛刻，机毁人亡的危险时刻存在，严重影响民航的安全与正常运转，国际民航组织才开始倡导各国进行地面安检。后来随着恐怖分子犯罪手段的升级，安检技术也随之升级。

即使如此，欧美国家的绝大部分地铁、火车、长途汽车都没有安检。在2005年伦敦地铁爆炸事件、2010年莫斯科地铁爆炸事件、2015年巴黎恐怖袭击事件和欧洲跨国列车枪击事件后，欧洲各国也并未在地铁进站口增设安检程序，只在部分国际火车站台上设立安检门。欧美国家不是强调人权吗？还有比生命更重要的人权吗？

一个可能的解释是，安检是有成本的，但收益不易衡量。用安检的手段达到这些目的，成本未免太高了。如果这些地方都实行安检，社会将承担巨大的成本，包括安检机的成本、安检员的工资和人们的时间成本等。极端情况是，为避免频繁的安检，人们将减少外出，不逛街、不去超市、不去公园，公共场所空无一人。与此同时，当社会资源向安检领域倾斜时，用于其他领域的资源将减少，影响资源的优化配置。

另一个可能的解释是，路径依赖决定了欧美国家的地铁安检没有可行性。欧美国家的地铁站在设计时，就没考虑安检机的位置，狭小的进站口决定了进站安检没有可行性，即使发生了恐怖袭击事件，也只能维持现状，不增设安检机。并且，地铁的客流量远大于机场客流量，不可能像机场安检那样认真仔细，检查不细致等于没查。更深层次的路径依赖是，地铁安检需要得到民众的支持及议会的批准，一向"自由散漫且抠门"的欧美民众，显然不会支持限制自由的安检支出。2005年伦敦地铁爆炸事件后，伦敦地铁也未设置安检，其交通部门认为，设置安检是向恐怖主义屈服，还会造成大量旅客滞留，反而增加了危险性。并且暴力恐怖事件是小概率事件，大规模应对得不偿失。2015年欧洲跨国列车枪击事件后，欧盟对安检的态度是"乘客安全是最重要考量，但不须反应过度"，言外之意是不能为防止个别犯罪分子，给大多数人造成不便。

欧美地铁没有安检，是否就不安全？其实安检不等于安防，安检只是安防的一个方面。欧美地铁没有进站的安检程序，但站内有密集的摄像头，警察昼夜巡逻，警犬探嗅爆炸物，并对可疑者进行"抽查"。在重要节假日，地铁站附近增派便衣警察，加强对安全隐患的监控。这方面日本、中国台湾、中国香港等亚洲国家和地区的做法非常类似。

种种迹象表明，中国内地城市地铁安检似乎没有必要性。但是，2008年金融危机后，欧美国家贫富差距日益扩大，恐怖袭击事件日益激增，欧美国家部分公民向政府施加压力，要求增加安防措施。中国地铁成为一些国家的观摩榜样。当一些中国人羡慕国外地铁不安检的便利时，一些外国人也正羡慕中国大陆地区安检带来的安全保障。

中国地铁何时开始安检的呢？中国第一条地铁线是北京的1号线，于1971年投入运营。2000年前中国内地只有5条地铁线，北京2条，天津上海广州各1条。这几个城市的地铁在很长一段时间内是没有安检的。地铁全面安检始于大型盛会。2008年北京奥运会、2010年上海世博会和广州亚运会，2011年深圳大运会，让北上广深的地铁开始了全面进站安检。盛会之后，很难立马取消，安检被延续下来。

中国内地大部分地铁线建于新世纪以来，尤其是2010年以来。2016年年底，建成投运地铁的内地城市多达27个，大部分省会城市第一条地铁线于2015年左右投入运营。而这均在奥运会、世博会、大运会之后，地铁建设时即考虑到安检场地，地铁运营伊始即引入安检程序，地铁安检像机场安检、火车站安检、汽车站安检等一样，变成了常态化。由此我们不禁多虑，经历了奥运会、世博会、大运会，我们的社会变得更不安全了，民众变得更不可信任了，变得需要安检了？显然不是，都是路径依赖惹的祸！

在同一制度下，有的人获得收益，有的人承担成本，收益和成本也有大小之别，此谓制度的非中性。谁是现行制度的支持者，谁是现行制度的反对者，谁更有话语权，这些因素决定了制度的发展方向。毋庸置疑，中国的地铁安检有一定成效，也在维护城市公共安全方面发挥了重要作用。随着贫富差距不断扩大，暴力恐怖活动随之增加，加强安防也是各国的共识。中国地铁的安检成本备受诟病，安检方式更是备受指责，尽管如此，强化安防系统仍是大多数人的共识。在警力不足的情况下，用安检员来补充，现阶段采用这种安检方式，可能也属次优选择。若能调整安检方式，将"过关式"安检变为"保障式"安防，减少乘客进站时间，还乘客以通行自由，想必乘客会向地铁公司点一万个赞。

{ 生活中的经济学 }

父母照护中的相机抉择

朱 玲*

父母入住河北燕郊的一家养护中心已有7个多月（参见《低龄与高龄老人的合作与冲突》，《经济学家茶座》总第72辑）。此间平静中又频发危机，我们整个扩展家庭不得不相机应对。决策的原则，是财务约束下的家庭福利最大化。

一、创造辅导期

父母脱离家庭接受专业化照料，意味着与熟悉的生活方式告别。我们做子女的也随之做出调整，有意为他们创造了一段辅导期。首先，通过定期探望满足亲情需求。弟弟最初反对送父母去养护中心，但眼见短期内别无选择，还是主动帮助他们适应新环境，每周探望两次甚至三次。在父母把养护中心视为自己的家以后，改为周六下午带着妻女去一次。我则周三或周四前往，以保证父母每周至少有两次探望。弟弟送柑橘，我送衣物或其他生活用品，并分别陪同他们在院子里散步。妹妹回西安检查和调养身体月余，时不时给父母打电话问候。

其次，与护理人员建立联系，及时为父母排忧解难。养护中心为了规避风险，规定半自理区的老人必须由护理员陪伴才能离开住宿楼。父母所在的楼层护理员与老人的比例是1:5左右，最初规定每人每天外出半小时。这对习惯于户外散步的父母而言，不啻是失去自由。我立即给护理部打电话，一是强调，母亲罹患阿尔茨海默症，户外活动过少会加剧情绪狂躁；二是表明，只要天气正常，就让父母户外活动一小时，我愿为护理员的额外工作负担支付附加费用。护理主管请示高管后答复，同意我的请求，护理部将改革原有制度，因而不会加收费用。此后，我与销售员、护理主管、护士站、营养师和父母的护理员都建立了电话及微信联系。没承想，这些联系很快就派上了用场。

---

* 作者为中国社会科学院经济研究所研究员。

5月31日，母亲深夜头晕呕吐。父亲按响床头呼叫器，养护中心的医生和护士迅速到场。医生给母亲测了血压，低压100、高压170。鉴于她平日低血压，就给服用了降压药并辅助吸氧。次日清晨我和妹妹抵达，护士又来测血压，母亲的指标值降到90和130。根据医生建议，我们陪母亲去了200米开外的医院。见过心内科大夫，即送她住院检查。由于母亲几乎一分钟都离不开父亲，住院部同意让他陪住。妹妹带着母亲逐一完成检验项目，我则交费办手续，还与护理主管敲定了后续措施。午前，养护中心两位护理员把饭菜送到病房，并给带来了卫生纸和餐巾纸。她俩十分亲切："姐姐，还需要啥就告诉我们，下午送饭时给你们带过来！"

　　弟弟接到我的电话于正午赶到，当日留住养护中心，很快为母亲聘用了一位病房护工。下午6点左右，父亲短信报告，母亲血压稳定在80和120。6月2日，我和妹妹再次驱车前往燕郊。弟弟告知，母亲这次血压突然升高是由颈椎病引起的，此外还有心动过速问题。一早见她无大碍，即通知住院部办理出院手续。回到父母的住宿楼层，大厅里聊天的护理员和老人都迎上来问长问短。母亲愣在电梯前什么也答不上来，父亲和我们姊妹仨就连连道谢。进入房间，母亲喜滋滋地东张西望："可回到自己的地方了！"父亲则赶紧掏出手机上网："看，看，积攒了多少信息！"我和妹妹到家即收到父亲的微信："午睡起来后，刘大夫主动带护士来给我换了腿部的药。剧大夫送来你留下的药（住院部为母亲开具的补钾片），小樊（护理员）给你妈洗了澡，又把我们的薄被换成新的，把旧被拿去洗，我真有回到家的感觉。"至此，弟弟对父母的照料方式也就不再持反对意见。

二、关注隐患

　　母亲出院后，体力逐渐恢复但智力继续下降。进餐时她从不专心，总是边吃边玩拖延吞咽。到护理员回收餐具时，她往往还吃不完。护理员若有空，就给她喂饭；或者是父亲快快吃完给她喂饭。不过，母亲肢体灵活，乐意社交。护理员每天都带她跳健身舞或听别人聊天，到饭点儿就送回来。父亲说，邻居送她回房也是常事，因为她不认门，看见楼道里谁家门开着就进去了。养护中心的医疗团队每天都给父亲换药，先后有四位医生不厌其烦地给他打绷腿。进入7月，他的腿部肿胀已消退，每日除了奋力健走，就是拿着手机或iPad玩儿得不亦乐乎。

父母融入养老社区，我们姊妹仨的日子也重返正轨。妹妹帮我张罗装修了父母原住的套房，于端午节前回西安。暑假她与刚退休的丈夫一起到甘肃、青海旅游，8月底来京入住已充分通风的装修房。这样，我下楼便可改善伙食。弟弟照常上班，周末携妻女往返燕郊途中常到我们这里歇脚。妹妹的女儿、女婿都在京工作，也来聚会并享用陕西面食。从端午节到中秋节，我率课题组完成了甘肃、内蒙古和新疆农场调研，还参与了世界银行的全球贫困研究咨询委员会的活动。

9月9日，这般平静的日子再次被打破。父亲来电话说，护理员发现母亲起身和走路总往前栽，医护团队征得他同意，就送母亲去医院就诊。大夫要求做CT检查，母亲却挣扎不已，根本不予配合。为了检查脑部、腰椎和双胯，护理组组长小王双手固定母亲的头部和腰胯，协助完成了CT扫描。不想母亲起身就咬了他的手，还手脚并用踢打，幸被小王闪过。我先让妹妹、妹夫带了月饼去向小王致谢，随后自己去找父母的责任医生交流。在向医护团队表示感谢的同时着重说明：第一，母亲于3月和6月做过两次CT扫描，9月是第三次，以后不再体检。原因在于，从她脑部检查出多少病灶都治不了，这是医学界的共识。她年龄过高容易骨折，腰腿查出毛病也不能治。加之她还有房颤（心律失常），挣扎中出了意外岂不更糟。第二，人到高龄，重要的是安养，大折腾相当于找罪受。如果患大病，不必再治，顺其自然，听天由命。如果得小病，最好也用安宁疗法，优先使用有助于减轻痛苦的药品。第三，父母在护士站留有预嘱，申明病重时不做破坏性抢救，去世后遗体捐献医学研究。还请医护团队在他俩遭遇不测之时，遵从老人以往的意愿。责任医生听得一脸惊愕，但也表示认可。

那以后的两周里，母亲总在凌晨两三点钟起夜，父亲照顾她如厕后就再也难以入睡。我让父亲暂且用安眠药应对：第一，每晚8:30自己服用一片，争取9点入睡。照料母亲起夜后，再小憩一次。第二，每天中餐前给母亲服用一片，以便保证两人都能睡好午觉。国庆节前去探视，父亲还说这一招顶用。可是，节日下午我就接到叔叔转来父亲的微信，一颗心顿时坠入深渊："老伴失智，是很折磨家人的，我已经86岁，希望得一个能够猝死的病。"赶紧抓起电话拨到父亲住处，得知母亲躁狂升级，闹得父亲昼夜难眠，熬不住了！我表示，马上联系养老中心销售部和护理部，为母亲购买"一对一"护理服务（简称专护）。父亲却不置可否："等你来了再说！"

放下电话我就给销售员发送微信，请求为母亲安排专护，争取节后办手续，还希望能把父母安排在紧邻的两个房间。对方即刻答应节后安排。接着我又给护理主管发了微信，麻烦她安排护理员关照母亲进餐、如厕和起居，尤其是回应父亲夜里的呼叫器求助。主管也迅速应承做重点护理，并留心换房事宜。我马上把信息传递给父亲，叮嘱他干不了的事情不要勉强，按呼叫器请护理员帮忙便是。他在电话那头为母亲的状态痛哭起来，既舍不得与她分开，又担忧费用因新的安排翻番。

我细细地劝解："第一，您自己若累垮了，母亲这笔专护费用还得出。第二，您若先于母亲而去，她的状况将更糟。第三，两月前卖掉了您二位在咸阳学校的房子（无所有权），得款18万元，加上存款和退休金，差不多能支付3年，那以后我带着弟弟、妹妹补差额。"此外，又给他讲了些案例，说明照料病人的底线，当为照料者不被病人拖垮。父亲听后终于平静下来，但还未接受专护服务方案，要求再观察一段。

10月3日我去燕郊，护理员提到："奶奶今早吃鸡蛋噎着了，其实鸡蛋清块儿不大，可她最近经常吃东西不嚼，我把大头菜丝儿都给她挑了出去。"我一听，立即给护理主管和营养师发微信，说明母亲咀嚼功能严重退化，需要剁碎的饭菜，麻烦她们尽快通知厨房。营养师随即回应，从次日起，给母亲的煮鸡蛋改为鸡蛋羹，其他食品全剁碎。于是我就安心地带父母下楼晒太阳，让他俩坐在长椅上，听听购买专护服务的理由。

父亲不同意："你妈离不开我，我也离不开她，现在不能分开。"我解释道："我妈的病情恶化速度和状况难以预料，趋势必然是每况愈下。您对自己能力的想象高达两米，可实际能力只有一米，以后照料她还需要您具备更高的能力，怎么办？这个缺口只能请专护员来弥补。"我站在他俩面前连说带比画，引来一位笑嘻嘻的胖大妈："让我也听听行吗？"她听明白了就热心劝解："先把房子登记上吧，真要是用不着就退了呗！"父亲有点儿不好意思，同意先预定两间房，当母亲不再认识他的时候就搬迁。

三、把握"局点"

观赏奥运赛事的时候听到"局点"一词，觉得它恰如其分地表达了把握关键时机的重要性。父母事故频发的时候，即预示照料方式转变的"局点"来临。自

10月4日始，母亲每天都出事。先是腰椎间盘膨出以至寸步难移，接着是餐后喷吐，最终还滑倒在卫生间。父亲屡屡按响呼叫器，医护团队每次都到场查看并立即清理房间。这一下，不用我再费口舌，父亲就同意购买专护服务了。医生怀疑母亲脑溢血或脑梗，几次建议做脑CT检查，父亲坚定地谢绝："我女儿不让做。"此间我打电话请教西大好友，因为她亲见自己父母的脑溢血症状。讨论之后，我再次给父亲打电话强调，以后遇到任何情况都按以下原则办事：睡不着就吃安眠药，疼痛则服止疼片，不检查不治疗，争取维持良好的生活质量。

4日午后大雨倾盆，弟弟和妹妹两家搭乘的飞机刚落地首都机场（他们去福州参加我外甥女的婚礼），我就打电话让弟弟去养护中心。妹夫到家换上厚衣服，就与弟弟一起驱车前往，给了父亲莫大的精神支持，还扶着母亲在楼道走了几圈。直到假日结束，他们两家天天有人去燕郊。我再次联系销售部和护理部，说明尽快购买专护服务的决定。10月6日，护士站来电话告知，自当天起为母亲配备专护服务。6日和7日两晚，暂且在父母房间为专护员添加一张折叠床。7号早上的电话里父亲报来好消息：第一，头天晚上母亲起夜，护理员给照顾如厕，事后母亲睡得很好。父亲虽然听见但未起身，所以也休息充分。第二，雨天降温，他们都加了衣服。我把信息发到家庭聊天群，妹妹回应道：专护员入住后父亲心情大好，一大早打电话要她代买彩票。我的课题组伙伴得知消息打趣道："守望彩票，乐在其中！"这下子，我们全家都轻松起来。

10月8日是节后第一个上班日，养护中心销售员午后发来短信：七层有两个相连的房间。我马上回电话表示，立即去给父母搬家。当我和妹妹、妹夫抵达时，三层的几位护理员已把所有的零碎物品整理妥当。人多力量大，一会儿就把父母原住的房间清空了。趁着妹妹、妹夫安置新房间的时候，我跟闻讯赶来的销售员一起去补交差价。房间调整后，父亲仍为半自理，单住一间房，每月费用5800元。母亲和专护员同住的房间带阳台（两间房经阳台相通），按一对一护理和套间计算，每月费用15700元。打九五折后，两人每月住宿加护理的费用为20425元。与原先的费用（10260元/月）相比，增加了99.1%。

父母搬到七层后，三层的老邻居们让护理员陪同，先后上楼看望。这份友情让父母深受感动，也使他俩更加喜爱养护中心的环境。母亲很快适应了一对一照料模式，父亲也从中享受到"福利溢出"。专护员小马来自黑龙江省七台河矿区，笃信基督。她认为，自己虽因煤矿效益不好到养护中心打工，也是"主"让她来做善事，所以一定要全心全意把老人护理好。小马把我母亲的房间和衣柜整理得井井有条，无论是给老人洗澡、穿衣和喂饭，还是梳头洗脸剪指甲，都是边做边抚慰。晚上照顾母亲起夜如厕，白天陪她参加健身活动或是到户外散步晒太阳。午休时分母亲常常亢奋，有时安眠药也失效，小马便耐心地陪伴。她在照顾母亲进餐或外出时，还顺便关照了父亲。给母亲换洗衣服时，把父亲的也带上。10月下旬，母亲的健康状态明显好转，看到小马就笑逐颜开，一见家人来探望还高兴地拍手。父亲觉得，小马一心向善，承接了他所有的负担，命我给护理部写了一封感谢信。

父母入住养护中心的经历让我体会到：第一，规范的专业化照料服务无疑有益于高龄老人安养；第二，高龄老人需要家庭和社会给予物质上和精神上的全面支持；第三，作为高龄老人的家属，我们也需要家庭成员之间的互相帮助和其他社会成员的支持。养护中心和医院员工的热心服务给了我父母足够的安全感，也温暖了我们的心。在当今中国，我家的案例已非个别，比我家收入低的群体又当如何？高龄病患老人的照料，已成为国家面临的一个社会经济问题。我曾与一位德国同行聊起这一现象，称赞那里的长期照料保险。他说，我们这一代对人口老龄化都还没有做好准备，德国也未完全解决高龄老人的照护难题。当然，这也是社会科学存在的意义，因为研究领域必将随着新问题的出现而扩展。

【经济随笔】

闲话"工匠精神"

徐康宁 *

《经济学家茶座》是闲谈之地,可以围绕经济议题谈上三言两语。看着眼下"工匠精神"成为热门话题,我有所感触,不妨闲话一番。

关于家具的一段"私家故事"

每个家庭都有使用家具的经验和感受,我家也不例外。由于年轻时光一段特殊的经历,我对木制品尤其是家具常常会投去不一样的眼光。

自我成家以来,一共使用过三套家具。

第一套家具就是为成家准备的。自己买的木料(当时木材是紧俏物资,好不容易托人买到的),自己拖回家的(很费了一把劲儿),自己找木工师傅来家加工制作的(本地俗称"打家具")。由于木材紧俏且贵重(以我当时的收入为标准),为防止木工师傅大材小用甚至"调包",同时要保证加工环节的质量,家中应有"监工"。这个"监工"自然就是我了。记得当时正忙于复习考研,寒冬腊月,一边搓手取暖读书做题,一边时不时用眼"监控"家具从木材到成品的过程。

应该说,木工师傅的手艺是不错的,也是比较认真负责的(可能与事先设计好的交易机制有关),算得上一个称职的"工匠"。一套家具用了十几年,完好如初,毕竟是真材实料、全部榫卯结构。两次搬入新家,用的都是这一套家具。但是,毕竟是20世纪80年代初期的加工物品,质量尚可,但用材可称简陋。木材是水曲柳的,30多年前算得上是好的家具用材,今天看就极其普通了;为节省用材,背板和侧板都是用纤维板替代木材的,搬家时碰到尖锐物留下两三个小洞。当时环保意识不强,上的漆就是普通的漆。所以,当我第三次搬家时,决定不再带走原有的家具。

第二套家具是在家具市场上买的成品。成品要比请木工师傅制作的家具好看

---

* 作者为东南大学经济管理学院教授。

得多，当然费用也高出很多。当时（2000年），市场上全实木的家具还很少，有的很贵，占主流的是板式家具，即主材是用集成材，家具表面一般是用装饰性强的木皮贴饰而成。对木材和家具没有经验的人，一般都比较容易被这种板式家具所吸引，表面光鲜，造型新颖（由于不是对原木进行加工，所以克服了原木在成型方面的一些限制）。但这种家具也有致命的缺陷：一是没有原木自然的美丽花纹，当然也不会散发出原木特有的清香；二是不经用，难以像原木那样经历长久仍可完好如初。果然，用了几年之后，首先是桌面的装饰贴面局部脱落，接着就是其他问题开始出现。这种家具作为一时之用可以，但不可作为家居欣赏，更无法家传了。5年前再次搬家时，想都没想，自然用新家具替代旧家具。

购买第三套家具费了些心思，看了不少地方。有事先的标准。第一，必须是全实木的，即每一块材料都是用原木加工的，而且材质要有一定讲究；第二，做工必须要好，全榫卯结构，油漆要环保；第三，要美观大气，长久耐看。最终选择了一套（其实是多套组合的）全榆木材质、器型美观的新中式家具。本人在中学毕业后曾有一段特殊经历，学木匠两年，刨、锯、开榫、打眼样样都会，独自一人制作的五斗橱像模像样，虽不敢讲木工手艺已经很精，但看门道儿已经八九不离十了，评价家具的做工和品质有一定的发言权。现在市场上好的家具确实做工精良，传统工艺与现代工艺相结合，若用材再讲究，可以达到被欣赏的程度。榆木材质紧密，花纹铺张，富有动感，本来就是中国古代家具的上好用材，现代工艺又可以做到板与板之间无缝连接，一个桌面如同一块整板，同时不失全榫全卯的工艺，看上去确实赏心悦目。朋友新来我家，见到家具及其他木制物品都要赞赏一番，我免不了要自谦，但心中还是高兴的。

说这一段家具的私人故事，其实想说明两点。第一，从消费者效用原理出发，若财力允许，买家具这类常用物品，一定要买好的。第二，中国的家具的确可以做出精致的东西，拿到世界上去比也不会差。因个人兴趣，我也有多次在国外考察家具市场的经历，得出这番经验是有依据的，其实美国市场上卖的很多高大上的家具就是中国生产的。不信，你可以拿好的中国家具和宜家卖的进口家具比一比。

遗憾的是，中国制造所代表的产品，依旧离精致优良很远，大多数情况下还是低质低档乃至粗制滥造。正因为此，社会呼唤好的"中国制造"问世，李克强总理在政府工作报告中大力提倡"工匠精神"。

人类有追求美好的愿望和权利。美的产品、好的产品，也是一种文明的象征，是人类达到不同文明阶段的一种标志。人的生活是不是美好，不是取决于你有多少钞票，而是取决于你是否拥有美好的物质世界和精神世界。即便你很有钱，不停地换住所、家居用品，但住所逢雨就漏，家居用品粗制滥造，甚至有毒有害，这样的生活绝不能算美好。别人一辈子就住一处，家居用品也是一件用了多年，但住的和用的都是高质量的，能够用来欣赏的，他的生活肯定比你的美好。所以，产品做得好不好，不仅关乎生活品质，而且关乎文明程度。

具备"工匠精神"的前提是要有工匠

把产品做好，当然要有"工匠精神"，而是否具备"工匠精神"，则是一种民族文化的折射。关于这一点，我们必须大胆承认民族文化的某种缺失，承认国人的某种劣根性。鲁迅先生写过很多批判国人丑陋一面的文章，可谓一段文字一把匕首，一篇杂文一支投枪。

胡适当年也写过一篇寓言式的文章，语气平和，但寓意相同，针砭国人的不认真和不负责任，做事马马虎虎，那就是《差不多先生传》——中国人的最大特性就是做任何事（当然包括做东西）都是差不多就行了，从来不精益求精；"差不多"的哲学通行天下，把"差不多"发扬光大的反而被捧为"圆通大师"。

几十年前如此，如今也未见得好到哪里去。所以，中国制作的产品与外国制作的产品放在一起，立马分出三六九等来，价格也是如此。连医生都会和心脏病人这样说：你的心脏要做支架，外国支架4万一个，国产支架便宜，只要2万一个。至于国人蜂拥到国外购物，从德国的汤锅到日本的马桶盖，再到澳大利亚的奶粉、蜂蜜，以至于中国旅游团所到之处，便是外国商场断货之时。这些已经不再是新闻，国人早已见怪不怪。问题是，倘若没有工匠，何来"工匠精神"？

有两种途径可以产生工匠。第一种途径是学徒制，手艺精良的师傅把技术传给徒弟。那个给我打制第一套家具的木匠，算得上那个时代的工匠。若没有当年恢复正常高考制度，也许我也可以成为一个说得过去的工匠（不算诳语）。这种途径现在自然消失了。第二种途径是职业技术教育。发达的职业技术教育可以产生大量高水平的工匠，就像德国、日本那样。中国现在的情况是，工厂流水线上基本都是刚刚从农田里走出的民工，经过简单培训就开始生产了。虽然也有职业技术学校的毕业生，但人数偏少，更关键的是水平不高。这其中既有投入问题，又有生源问题,因为现在读职业技术学校的学生几乎都是被高中淘汰的。

除少数国家重金投入的行业,中国的工业文明,基本上还是"差不多文化"通行。操作手册上明明写着螺丝要拧 5 圈,中国的操作工常常只拧 3 圈——只要不掉下来就行了。同样的技术,同样的工艺,就是因为做的人不同,品质就会有差异。我曾经在东京的商场里见过两款外形一样、品牌相同(都是索尼牌)的八波段半导体收音机,价格却相差一倍。好奇之下,问其缘由,被告知,那个贵的是 Made in Japan(日本制造),那个便宜的是 Made in China(中国制造)。

要培育"工匠精神",首先要有大量的现代工匠。这就需要系统性的改革以及观念改良,包括教育体制、薪酬制度、劳动市场制度等,还要树立起尊重体力劳动、欣赏体力劳动成果的社会观念。德国之所以能生产出众多品质优良的产品,最主要的原因是拥有一大批技术精良的现代工匠,之所以有众多的现代工匠,是因为现代工匠在德国享有较高的社会地位和薪酬待遇,早早地吸引了优秀的青少年有志于此。

消费文化也是"工匠精神"的关键因素

那为什么中国的家具可以做得很好,而其他产品却普遍缺乏"工匠精神"?这和市场结构有关,从需求一端讲,也和消费文化有关。

若有一些和老百姓息息相关的产品在中国做得不错,大概有三个原因。第一是传承,即历史上我们就做得很好。中国古代家具在工艺水平上无疑是上乘的,其中部分达到艺术的水准。我不止一次去过美国纽约的大都会博物馆,也不止一次去过那里的中国馆,对那里陈列的一对十分珍稀的中国明代黄花梨大柜印象深刻。几百年了,连金属锁件都锈蚀坏掉,木制的柜体却完好如初,榫卯和拼接之处依旧严丝合缝,透出黄花梨特有的美丽神韵和中国古代家具规制的庄严。[1] 第二是有利于形成买方市场的竞争结构。充分的竞争性,供略大于求,好的产品才可以在市场中胜出。中国家具的市场无疑属于这样一种市场结构。不过,这两个原因在其他产品市场中也存在,例如服装、食品、厨房用品,都有历史传承,但中国的产品依旧做得不好。第三个原因就成为关键,消费者的挑剔程度。

---

[1] 我曾专门写过一篇短文记载,有兴趣者可读我的个人博客 http://xknseu.blog.sohu.com/。

大多数情况下，中国消费者对普通产品是不挑剔的，只要便宜、好用就行。所以市场上充斥了便宜但质量不高的产品，消费者也不很介意。试举两个典型例证。中国人雨天出门打的伞基本上都是劣质货，尤其是伞骨从材料到做工都很低档，几乎用不了几次就坏了。但没有多少消费者对此介意，因为一把雨伞很便宜，坏了再买一把就是了。第二个例子就是中国锅与德国锅的比较。中国家庭主妇一生可能用过无数的锅，一只锅用几年就坏了，也没人因此而遗憾，因为再买一只锅也很便宜，结果一辈子用的都是劣质锅。德国的家庭主妇可能一生只用过一两只锅，但一辈子用的都是最好的锅。原先中国人不知道世界上还有这么好的锅，现在知道了，所以去德国的中国旅游团一般很少不带回德国锅的。可是，中国消费者很少到国外去买伞，倘若他们少一点对那些浮华logo的迷恋，而增加一点对真正生活品质的要求，则会发现雨伞也有明显的品质之分。[1]

家具在中国却有不同的命运。中国人对自己的家居环境及其陈设十分在意，中国人最认真的地方莫过于家庭装修了，都是要用最好的材料、最贵的品牌，家里往往装修得像一个奢华的酒店。家具属于家庭陈设，是家居环境的重要组成部分，当然不能不讲究。只要财力可以，中国的消费者也是愿意在家具上花钱的，包括名贵的红木家具、金丝楠木家具（其实没几个是真的）等。加上现在中国市场开放，可以进口世界上任何一种名贵木材以及国外出产的家具，所以，中国的家具市场真的是琳琅满目，高中低档一应俱全，以本人半专业化的眼光看，只要肯花钱，品质高的家具并不难找。当年的水曲柳以及木工师傅的工匠技艺，实在无法和今天的市场相比。岂止是家具，凡是和家庭装修有关的材料和物件，例如瓷砖、地板、五金件等，中国生产的产品中有相当一部分品质是很高的，尤其是瓷砖和地板在品质上与国际名牌已经差异不大。

这充分说明，特定的消费文化，消费者自身对产品有无品质上的苛求，也是决定市场上产品品质的一个关键因素。"工匠精神"，不仅来自于是否有工匠，来自于工匠是否负责任，还来自于消费者对工匠的要求，尤其是是否宁愿多花一些钱买好的工匠的产品。要培育"工匠精神"，必须彻底改掉中国人固有的"差不多"文化习性，其中包括消费者自身为图便宜的"差不多"文化。

---

[1] 我多年前曾经花费15英镑（当时的英镑比现在值钱得多）在伦敦一家百货商店买下一把雨伞，引起周围中国同行不解，但当他们打开这把伞后，无不赞叹，且一致认为国内市场难寻这种高品质的雨伞。

创业企业如何解决合伙人冲突难题?
——送给小木匠的企业理论之三

聂辉华 *

几年前,我在《经济学家茶座》上发表的文章《送给小木匠的企业理论》[1],介绍了一个农村娃阿科从家具厂打工仔到管理者的励志故事。后续的第二篇《小微企业如何在经济转型中艰难生存?——送给小木匠的企业理论之二》[2]则讲述了阿科从管理者到老板的转型困境。2016年春节回到江西老家时,我们两位儿时的小伙伴又见面了。这一次,阿科跟我聊起的话题,比2015年春节的话题更加复杂。从一个打工仔到管理者的问题,主要是如何招聘和考核员工的问题;从一个管理者到老板的问题,主要是如何经营企业的问题。而作为老板自身的问题,则是如何解决合伙人冲突和激励关键员工的问题。这两个问题关乎企业的稳定性,比此前的问题更加接近组织管理和制度设计的核心难题。很显然,如果只有企业理论或者管理学的教育背景,却没有切身的管理经验,根本无法解答阿科的难题。幸运的是,作为一个本科毕业于商学院、曾在管理咨询公司工作并参与创建了某个组织的经济学教授,我完全理解阿科的管理困境,并愿意与读者分享我对这些问题的解决方案。

一、权力是零和博弈

中国有一句俗话:共患难易,同富贵难。为什么?大凡一个组织刚创建时,面临严重的生存问题,所有的创业合伙人必须"心往一处想,力往一处使",才能保证组织的生存,大家才能获得物质回报。因此,创业之初,合伙人都会殚精竭虑、同甘共苦。一旦组织稳定了,开始发展和繁荣了,外部威胁减少了,此时合伙人努力的机会成本就变小了。因为即便懒惰一点、松懈一点,也仍然有不错

---

* 作者为中国人民大学国家发展与战略研究院、经济学院教授。
[1] 聂辉华:《送给小木匠的企业理论》,《经济学家茶座》,2009年第2辑(总第40辑)。
[2] 聂辉华:《小微企业如何在经济转型中艰难生存?——送给小木匠的企业理论之二》,《经济学家茶座》,2016年第2辑(总第72辑)。

的回报。于是，合伙人努力的重心就可能从应对外部威胁转移到进行内部权力斗争，试图通过获得更多控制权来直接增加自己的物质回报。博弈的重心也从"做蛋糕"转移到"分蛋糕"了，毕竟"分蛋糕"来得更快捷。于是，尔虞我诈、钩心斗角这些"宫廷剧"的特色就成了组织管理的常态。于是，组织开始衰落，最终甚至被竞争对手打垮。小到一个企业或单位，大到一个王朝或国家，都会经历这样的周期律。这样的大道理很多人都懂，一旦落到自己头上，才会发现这个道理真的很残酷。阿科眼下就被迫面对一场残酷的权力斗争。

阿科遇到的第一个合伙人冲突问题——企业增资扩股。3 年前阿科成立自己的家具厂时，股权结构和职责分工是这样的：当地的一个老板占股 50%，属于大股东，管销售；阿科占股 25%，管后勤；阿科的一个邻村老乡占股 25%，管生产。股本按 100 万元计算，当初阿科投入了 25 万元，这已经耗尽了他的全部积蓄。从眼下竞争态势来看，100 万元的总投资已经难以维持企业的竞争优势，必须进一步扩大生产规模和销售渠道，这势必要投入更多资金。每年的利润并不多，除了分红所剩无几。从银行借款是非常困难的，因为他们的企业不是法人，缺乏可供抵押的财产。因此扩大投资的唯一资金来源就是合伙人增资扩股。

当地老板很有钱，愿意投入更多股本。阿科没有后续资金。另一个老乡有一些积蓄，在增资扩股问题上处于模糊态度。在这种情况下，当地老板作为大股东多次提出增资扩股，希望获得企业的绝对控制权。阿科当然不同意，但又无法投入更多资金。而且，阿科发现，最近当地老板开始拉拢另一个股东，意图收购阿科的股份。如果当地老板的计划成功，那么阿科将从老板变回员工，或者离开自己辛苦创办了 3 年的企业。三个人中，如果有两个人结成联盟，当然可以将第三个人踢出局，这在合作博弈中是一种"小联盟"，此时三个人的大联盟不是一个稳定的核。阿科和另一个股东是的老乡，因此他也试图利用乡情打动另一个股东，但是效果不太明显。毕竟大家都是理性人，从根本上还是谈利益，谈感情没用。

对于这场增资扩股的控制权竞争而言，死结在于它是一个零和博弈。一个组织的权力就像一块蛋糕，你多了，别人就少了，不可能两个人的权力都增加了，这就是零和博弈。因此，要找到帕累托改进的解决方案，必须跳出零和博弈的格局。我向阿科提供了三种解决策略。

第一种策略就是转移矛盾。阿科必须让三个股东都认识到，目前企业刚刚稳住脚跟，还没有到平安无事的地步，因此一定要团结一致，否则企业就岌岌可危了。换句话说，就是用外部矛盾替代内部矛盾，让合伙人把重心仍然放在"做蛋糕"而不是"分蛋糕"上。事实上，虽然他们的企业开始盈利，也差不多收回投资成本了，但是因为当地政府对家具企业实行了严格的环保管制，未来企业用于环保的投入将会更多；此外，由于企业规模小，自己的品牌没有在市场上形成声誉，难以应对大中型同行企业的竞争压力。

第二种策略是转型为正规企业，通过银行借贷缓解融资约束。挂靠别人企业的小作坊终究不是长远之计，小作坊不是正规法人企业。这一先天缺陷导致阿科的企业无法形成独立的品牌效应，甚至不能与客户签订合同，也就无法接到较大的订单。长远来看，阿科的企业从小作坊变成真正的法人企业，就必须注册为有限责任公司。一旦注册为公司，有自己的独立财产，阿科的企业就可以申请银行贷款，这样就不必再通过个人掏腰包来弥补资金不足的缺陷。当然，一旦注册为正规的公司，上缴的税费就要提高，这就要求企业进一步做大，实现规模经济，否则很多固定成本都无法覆盖。因此，只有预期到变成正规公司才可以实现规模经济，小作坊转型为现代公司才是理性选择。这可以解释，为什么中国很多企业仍然停留在家庭小作坊的地步。

第三种策略是进行人力资本折现。不管是在理论上，还是在现实中，合伙人的人力资本都可以按照一定的比例折算为实物资本。如果阿科的人力资本足够重要，那么阿科的人力资本可以折算为一定比例的股份，一定程度上可以缓解资金不足的问题。按照最新的规定，所有合伙人的人力资本可以一次性折算为不超过35%的股份。

二、非正式权力与正式权力的冲突

增资扩股问题只是合伙人冲突的一个表现，另一个权力冲突问题也让阿科左右为难。

按照创办企业时的约定，三个股东各管一块：当地大股东管市场、阿科管后勤、阿科的老乡管生产。由于企业规章制度不健全，结果三个老板都把自己管理的业务变成了自留地，导致了严重的裙带问题和庇护问题。第一，每个老板都负责自己主管部门的招聘，都是招自己的老乡，而不是从市场上公开招聘。第二，每个老板都只管自己的人，不能干预别的部门。例如，如果一个负责生产的工人干活干得不好，阿科作为主管后勤的老板不能批评，即便批评也无权处分。而生产部门的人都是大股东招聘的，因此大股东有时会护短，这就导致难以对生产工人进行问责。

这种治理结构带来的问题就是权力分割、各自为政，缺乏必要的协调，也难以形成公正、严格的企业管理制度。我问阿科："既然每个人都庇护自己人，为什么不实行统一招聘呢？不管哪个部门需要人，都由企业出面统一招聘，三个股东都是面试官。这样，一旦发现工人不合格，可以直接解雇，也不存在伤了哪个老板面子的问题。这种对事不对人的制度不是挺好吗？"然而，阿科的回答完全出乎我的意料，也根本不同于教科书的标准答案。他说，如果每个业务板块的员工都实行公开招聘，那么作为分管领导的他就没有"自己人"，在与大股东进行控制权斗争时就缺乏可靠的"群众基础"。本来他在企业的地位就有点受到威胁，如果手下再不听他的，那么将来不是更容易被大股东扫地出门吗？显然，阿科思考这个问题的角度，不是新古典经济学，而是政治经济学！

听到这里，我突然发现，阿科经过了这些年的磨炼，早已不是一个普通的打工仔了。他已经完全理解了权力的价值，理解了控制权对于确保自己利益的重要性，实际上也理解了控制权是所有权和收益权的基础这一重要观点。而这些，正是不完全契约理论和企业的产权理论的精髓所在。

最后，我提出了一个折中办法。现有员工仍旧按照过去的方式管理，但是新进员工必须统一招聘，而且在招聘时应该以主管领导的意见为主。一旦发现新员工违规或者不合格，任何一个股东都可以提出处理意见，并且经三个股东讨论通过后实施。这其实就是"新人新办法，老人老办法"的增量改革思路。一方面，这确保了三个股东都有自己的"群众基础"，从而在内部形成制衡态势；另一方面，随着员工的不断更新，新员工队伍壮大后，个人派系的色彩会逐渐淡化，管理也会逐步走上正轨。

三、如何激励关键员工？

每个组织都有一些关键员工。按照帕累托法则，每个组织80%的业务都是由20%的关键员工完成的。因此，必须善待那20%的关键员工。

2008年开始实施的《劳动合同法》，赋予用人单位和工人不对等的权利，突出表现为企业不能随意解雇工人，解雇要提供足够的补偿成本，而工人离职则更加简单。因此，很多小微企业为了减少社保成本和解雇成本，都没有与工人签订书面劳动合同，只是口头约定。从一些农民工的角度讲，有没有书面劳动合同也无所谓，反正他们经常换工作。但从法律的角度讲，不签订书面的劳动合同是违法的。但中国处于转型时期，企业成本又连年上升，地方的劳动监察部门对这类现象其实也无可奈何。

法律环境不完善，加上企业制度不完善，导致激励关键员工的问题在阿科的家具厂尤为棘手。一方面，由于企业与工人没有劳动合同，工人对于维持长期雇佣关系兴趣不大。很多工人过年回老家之后，就不再回来了，甚至连招呼也不打一个。工人们往往在打工地点用一个手机号，回老家时再换一个新的手机号，因此离职之后老板连人都联系不上。阿科的企业只得重新招人，而且新工人需要一段时间适应，这就产生了不少额外成本。另一方面，企业太小，没有科层，全部工人都是一个起点，也是一个终点，没有上升阶梯。即便老板看重少数做得不错的工人，也缺乏有效的激励手段。

阿科在当了老板之后，也开始看一些企业管理方面的书籍。他告诉我，几乎所有管理畅销书都说要对关键员工实行股权激励，他也想搞一搞。我告诉他，对他的企业而言，股权激励不现实，这实际上反而增加了工人的风险。工人本来就是风险规避者，干多少活拿多少钱，不必担心企业的风险。现在阿科的企业还处于一定的经营风险之中，阿科自己尚且地位不稳，把少数工人也拉进来做股东，除了给他们增加风险，增加股东之间的协调成本外，几乎没有什么正面价值。我告诉他，小微企业不要盲目学大企业，很多制度需要满足一定的前提条件的。

我提供的办法是设立奖金制度。平时工人的工作尽量实行按劳取酬的方式，干得多、干得好就有额外的奖金。另外再设立年资奖，工人在本企业每多工作一年，下一年度就发放一笔额外奖金。如果工人下一年不来了，那么年度奖金就没了。阿科担心绩效考核和业绩评定的具体操作会有一些问题。例如，一个自己招募的熟人，如果活干得一般，一年都没有奖金，肯定会在老家说他为人刻薄的。我明确告诉他，再好的办法都会有争议，当老板就是要不怕得罪人，否则任何制度都无法执行。阿科是一个好面子的人，我不知道这些制度能否执行下来，且听下回分解。

【经济随笔】

科幻的经济学与中国经济之梦（四）

宋胜洲 *

如果资源无限丰裕

众所周知，经济学的前提假定之一是资源稀缺。那么是不是可以反过来想，如果资源不是稀缺的，而是无限丰裕的，那经济学是不是也就没有意义了呢？

而且，资源稀缺不仅是经济学的理论假定，也是现实世界的既定事实。除了阳光、海水、太空等极少数资源，绝大多数的自然资源确实是稀缺的。我们的科学技术和经济管理等学科很大程度上就是应对资源稀缺的学科，自然科学技术很大程度上就是不断发现新的可用资源或者发现提高资源利用效率的新技术，经济学和管理学很大程度上就是通过配置资源的新制度和新方法来提高资源利用效率。看来，资源稀缺的确对科学技术和经济管理学科来说具有非常重要的意义。

那么，现在我们做一个大胆的幻想，如果技术进步可以使我们在地球上不断发现新的可用资源，或者技术进步到了可以极大地提高现有资源利用效率的地步，从而实现资源供给相对无限丰裕；再或者科技进步使我们找到了一个资源无限供给的星球适合人类居住和移民。总之就是一句话，我们的资源不再稀缺了，而是资源无限了，那么我们的经济世界将会是怎样的一种图景呢，我们的经济世界将会发生什么样的改变呢？

其实不用幻想，我们的阳光本身就是供给无限的，而且阳光对于整个地球来说也是至关重要的，可以说没有阳光就没有生命的存在，更不用说人类乃至经济学的存在了。但是细细想来，没有阳光的确是不行的，但是至关重要且无限供给的阳光对我们的经济发展也没有什么太大的意义啊，并没有对我们的经济世界产生什么决定性的影响啊！大家都知道石油、煤炭等传统化石能源越来越稀缺，而可利用的太阳能数量几乎是无限的，为什么没有出现无限供给的能源替代稀缺能

---

* 作者为北方工业大学经济管理学院副教授。

源呢？按照经济学的稀缺性和理性经济人两个基本原理，物以稀为贵，理性的人们应该会用多而贱的东西替代稀而贵的东西啊？那是理性原理错了，还是稀缺性原理错了呢？

细想想，人类对阳光的利用方式从最简单的日常生活中的采光、晾晒和取暖，到稍微复杂的农业种植中的化学光合作用，再到今天更为复杂的太阳能发电中物理上的光电作用，利用率的确愈来愈高了，但是我们的阳光还远远没有充分被利用，大部分被浪费了。再比如我们的海水资源基本上也是无限供给的，淡水资源越来越紧张，我们也没有首先采取海水淡化的办法，而是进行了南水北调，其实南方的淡水也不十分丰富啊，相对于海水来说稀缺得多啊。再比如，太空资源相对于地面资源来说丰富得多，为什么太空的卫星通信并没有替代占用稀缺土地资源建设铁塔的地面移动通信呢？

为什么啊？资源供给无限并不等于产品供给无限，从资源到产品需要经过人们的生产活动，生产活动需要成本。即使资源供给无限，开发使用资源的生产成本高的话，最终产品的价格也会高。煤炭比阳光稀缺，煤炭的确比阳光贵，但煤电比太阳能发的电便宜。对于产品来说，物以稀为贵、丰而贱，但对于资源来说，并不一定以稀为贵、丰而贱。人们常说的"近水楼台先得月""靠山吃山靠水吃水"，其实说的是获取资源便利，并不是说资源的稀缺性。

我们设想地球在扩大十倍、百倍、千倍、万倍，土地资源不再稀缺，但也不是所有的土地都会被利用，大家可能还是集中在城市居住，还是会产生级差地租，越发达的城市土地租金越高，越靠近中心城区的土地租金越高。应该来说，美国的土地资源比日本丰裕得多，但纽约的地租并不比东京低多少。所以，土地资源的丰裕程度并不是决定性的因素。

我们再回头看前面的三种科幻场景。第一种场景中，科学技术的发展可以不断发现新的资源，比如发现了核能、页岩气、太阳能等新能源形式，资源稀缺性降低了，但并没有完全替代传统能源，因为成本太高而意义不大，除非资源开采或利用成本更低且资源数量够多才有意义。第二种科幻场景中，科学技术的发展提高了资源的利用效率，降低资源稀缺性，比如技术改造可以提高燃煤效率，新法冶炼可以提高金属资源提纯度等，如果成本太高也意义不大。第三种场景中，科学技术可以找到可移民的星球，但如果移民成本太高也不可能实现，除非真的像科幻电影中时空穿梭那样可以瞬间实现，否则即使有这样的星球存在也没有意义。或者是上帝看到地球上资源稀缺，人类将陷入困境，大发慈悲之心偷偷地给地球送来无限且采掘成本低廉的资源，否则依靠科学技术的大规模投入开发新技术、发现新资源并不能解决资源短缺问题。

所以，资源数量上的无限丰裕并不重要，最重要的是资源成本高低问题。的确，资源稀缺必然会导致供给曲线向上倾斜。但资源无限并不一定会导致供给曲线水平或者向下。只要资源边际成本递增或者资源边际报酬递减，就可以保证供给曲线向右上方倾斜，经济学理论体系就可以成立。进一步说，经济学的资源稀缺假定可有可无，并没有什么重要的意义。资源稀缺性假定与边际报酬递减规律大体是一致的，而且后者比前者更为重要而普遍，所以，资源稀缺假定应该被边际报酬递减假定所替代。

至此，我们论证资源稀缺丰裕还是并不重要，最重要的是资源成本的高低。资源稀缺导致资源以稀为贵，反而可以刺激人们保护好珍贵的资源。资源丰裕甚至还可能起到负面作用，因为廉价可能导致资源滥用，甚至因此导致人们变得懒惰而出现资源魔咒问题，这一点可以参见其他论述。

的确，物以稀为贵，反过来，物也以贵而丰，要想让资源不再稀缺，重要的不是增加资源的数量而是提高资源的价格，完全不必投入大量的成本去发现新的资源、开发新的资源、使用技术，甚至去找新的星球，只要提高资源的成本和价格，必然会使资源变得更加丰裕。这可以通过政府提高资源税的办法来实现。

如果政府提高资源税

资源税是全世界各国普遍征收的重要税种，这对保护和有效利用资源起到了非常重要的作用。如果资源稀缺或者资源边际报酬递减的现实无法改变，资源的合理保护和利用将变得越来越重要，提高资源税将成为唯一重要的手段。这将对经济产生什么影响呢？

第一，保持现行政府宏观税负不变，社会总税收成本并不会增加，逐步提高资源税税率的同时降低增值税等税率，最终用最初环节的资源税替代中间环节的增值税等其他税收，企业的税收负担并不增加，短期内并不会对整个经济产生明显影响。同时，直接的资源产品以及利用资源生产出来的延伸产品的价格上升，但依赖资源较少的产品或服务的价格将下降，总体价格水平也不会明显上涨。

第二，短期会对经济结构产生显著影响。资源密集型产品价格将不断提高导致需求萎缩，而节约资源的替代性新产品比如新材料、新能源的价格将逐步下降而大量涌现，资源的回收利用技术和产品也将大量增加。不依赖物质资源的文化服务价格不断下降，替代依赖资源的物质产品将成为社会消费的主流趋势。资源密集型产业和地区乃至"靠山吃山靠水吃水"的资源获利阶层将逐渐萎缩，而节约资源的技术密集型、劳动密集型产业以及回收利用废旧资源、不依赖物质资源的文化信息服务等产业和地区将得到更大发展。

第三，对整个社会经济的发展方式产生影响。随着资源税的提高，资源产品价格越来越高，有利于提高整个社会节约资源的意识，资源的需求将大为降低，整个社会对资源的依赖程度逐渐降低，资源将变得越来越丰裕。生态环境将越来越改善，因为很多生态和环境问题都是因为过度使用资源造成的。整个经济社会将进入一种轻不可持续的物质资源、重可持续的技术劳动等要素的良性发展模式。

第四，政府税收结构更加合理，征税的方式更加简便。资源税的征收方式相比于增值税等流转税的征收更为简便。增值税是征收最复杂的一种税收，每一个企业和各项业务都需要监控，进行合理的抵扣后再征收，设计环节较多，手续较为复杂，而且很容易通过一些方法扩大扣除而避税甚至偷漏税。更为糟糕的是，增值税鼓励企业多使用资源，用得越多，抵扣就越多，交税就越少，十分不利于节约不可持续的宝贵资源。但是，资源税确是最为简单的一种税收，只需要对资源采掘和直接使用的少数企业进行监管和征收即可，环节很少，手续简便，如果采用从量税而不是从价税将更为简单。更重要的是，资源税有利于节约资源，提高经济发展的可持续性和质量。所以，资源税替代增值税是一种非常有意义的方式或方法。

【经济随笔】

语言与劳动力流动

张卫国 *

劳动力市场具有很强的流动性。一方面，工人总是在寻求更高薪水的工作，另一方面，企业总是要寻求最廉价的劳动力。随着世界经济形势变化，近 20 年来国际劳动力流动更加频繁，根据联合国《国际移民存量报告》，欧洲外来人口比例由 1990 年的 6.9% 增长至 2010 年的 9.5%；同期，加拿大外来人口比例由 16.2% 增长至 21.3%，而美国外来人口比例由 9.1% 增长至 13.5%。移民（他们使用与侨居国不同的语言，也往往来自于低收入国家）数量的激增，引发了众多社会问题，也引起了利益相关国家内部激烈的讨论。例如，移民降低了本地工人的工资，或者增加了侨居国的财政负担等。然而，对于工人而言，移民也是具有成本的。除了工作搜寻成本，移民要背井离乡，承受心理之苦，还有一个非常现实的问题，即学习新的语言以适应工作和生活的基本需要。这里我们所要讨论的就是语言在劳动力流动中的作用。

一、语言能力对移民收入的影响：经验与事实

研究表明，语言在劳动力市场上发挥着重要作用。特别是作为通用语的英语，其流利程度不仅是决定英语国家劳动力市场外来移民收入的一个重要因素，也有助于非英语国家劳动力市场中移民工资水平的提高。B. Chiswick 和 P. Miller 对语言与移民收入问题进行了长期的跟踪研究，他们利用多个国家（美国、加拿大、澳大利亚、以色列等）的人口普查数据，对不同人群（合法移民、非法移民、本地工人等）中存在的语言与收入问题进行了实证研究，并就各国的情况作了对比。Chiswick 和 Miller 一系列研究表明：就语言总体能力水平而言，侨居国语言能力对移民收入有很重要的影响。每天都在使用侨居国语言的移民收入较高，而不能

---

* 作者为山东大学语言经济研究中心主任，山东大学经济研究院副教授。

掌握侨居国语言的移民工资收入几乎是最低的。

语言单项技能与移民收入会产生哪些影响？Chiswick 和 Miller 的研究表明，熟练掌握英语口语和阅读能力的男女所取得收入比缺乏这两项技能的同性分别高出 8% 和 17%；如果就口语和阅读这两项能力之间对比，阅读能力对移民收入的影响比口语更大，说明语言阅读能力是重要的。A. P. Carnevale，R. A. Fry 和 B. L. Lowell（2001）对此进行过细致的研究，他们分别考察了英语听力、口语、阅读和写作四项语言能力对收入的影响，发现总体上听力水平是移民在劳动力市场上取得成功的关键因素。Carnevale 等人认为，可能是因为移民雇员大多数时间更需要听从管理者的口头指令，或理解顾客的口头询问，而不一定非要进行阅读和写作。不过，这并不意味着其他语言技能不再重要，实证结果也表明当听力能力达到既定水平后，口语、阅读和写作的能力对收入的影响就凸显出来。

此外，不同语言的回报率是不同的。加拿大的早期研究成果发现，自 1970 年以来，加拿大魁北克省英法双语者中，法裔公民比英裔公民有一个较高的收益回报，这意味着对第二语言进行投资时，英语比法语的回报高。一项基于瑞士数据的研究发现，虽然语言能力对收入影响显著，但市场回报率是不同的，它取决于不同语言的需求。比如：讲德语移民的法语回报率是 6.2%，讲法语移民的德语回报率却是 14.2%，而他们的英语回报率更高，并且更稳定，一般在 13.6% 至 16% 之间。该研究还实证对比了瑞士意大利裔和土耳其裔移民语言的收益率，结果表明移民的母语在侨居国对移民收入的影响并不显著，某些小环境下（如移民聚居区）的确存在着某种经济优势，但并不普遍。

总之，大量实证研究表明，侨居国语言流利程度是移民在侨居国劳动力市场上成功的关键因素之一。

二、移民都流向了哪些国家？

劳动经济学和人力资本理论预测移民总是从收入相对较低的国家和地区向收入较高或具有更多、更好机会的地区流动。传统的劳动力流动研究也支持了这一判断。而通常情况下，移民目的国更高的收入和更好的机会所形成的"拉力"（吸引力）要大于移民来源国较差资源环境所产生的"推力"。其中，移民目的国语言是否易学，可以是吸引移民的"拉力"之一。新近的研究表明，如果一个人的母语与他所要学习的语言在语言学意义上非常接近,那么他学习掌握该语言就变得相对容易(Isphording & Otten, 2011)。这意味着学习掌握某一国家的语言或一个国家的语言是国际通用语言成为人们移民决策中的一个重要因素。首先,通用语或广泛使用的语言往往在许多国家作为第二语言来讲授,移民更希望流动到他们所熟悉的语言环境中,以降低融入成本。其次,前面指出,侨居国语言的流利程度是移民收入的重要决定因素,因此学习通用语将成为移民中的一个拉力,特别是对短期移民而言。

在另一项新近的研究中,研究人员利用语言学的语言相似度指标,研究了语言相似度、通用语在移民目的国的使用程度、目的国移民政策对语言的要求等因素与移民流向的关系(Adsera & Pytlikova, 2015)。研究发现,国家官方语言越接近,这些国家之间的移民率越高。与语言距离较远的国家相比,一国流动到语言相似国家的移民数量要多出14%—20%。与移民的其他决定因素相比,语言相似度的影响要高于两国毗邻因素,也高于两国具有共同的历史渊源,甚至高于失业率等因素。这表明,语言本身对移民成本的影响已经超越了移出国和移入国文化同源以及地理因素的影响。

三、移民是不是年龄越小越好?

年龄是决定移民的最重要因素之一。美国人口普查局数据显示,2000—2005年间,20多岁的美国人中,11.7%的人具有移居经历;而30多岁和40多岁美国人的移居率则分别只有7.4%和4.3%。这在一定程度上说明,劳动力流动主要发生在年轻人之中。当然,这也符合人力资本理论的假设。一个人越年轻,从投资中获益的时间将越长,这些收益的现值将越大。此外,较大一部分移民成本涉及心理和情感因素,移民意味着放弃朋友,放弃已经建立好的社会网络等,年龄越大,人们社会网络的纽带越强,放弃已有的社会关系,损失也将越大。

那么,移民是不是年龄越小越好?除了上述解释,一些研究从语言学习的角度也给出了解释。语言学中有一个著名的语言习得"关键期假说",即10岁以前,是学习语言的最佳年龄,这个期间儿童学习语言比青少年和成人都更容易。H.Bleakley和A. Chin(2010)的研究,从移民的角度验证了语言"关键期假说"。他们发现,9岁之前来到美国的移民都能说一口流利的英语;而语言学习关键期之后来到美国的移民，他们的英语水平则要逊色许多。由于移民语言能力具有收入效应，从这个意义上说，移民年龄越小越好，最好不要错过语言学习的关键期。

四、作为人力资本投资的语言学习和地理移民

当今社会，移民已经成为一个非常普遍的现象。从人力资本投资的角度，移民是劳动力对地理性流动的投资，那么，哪些人更愿意进行这种投资，进而在何处进行投资（即移民至何处）？这些问题需要研究人员进一步研究解决。政策层面，国家和地方政府也急需专家学者们的政策建议。

劳动力流动不仅是简单的工人移居，更重要的是工人人力资本的技术转移和流动。技术转移和流动首先是语言上的沟通。语言能力也是一种人力资本，语言学习是对语言这种人力资本的投资。较好的语言能力不仅与移民收入正相关，与教育和工作经验等其他人力资本具有较强的互补性，对移民的婚姻、生育、居住条件等也产生了积极的影响。因此，把语言纳入劳动力流动的研究中来，丰富了劳动、人口以及移民经济学的研究内容，特别有助于理解新的历史时期下移民的语言学习以及由语言引发的社会融入问题。

【经济随笔】

"虎妈"的通关之路可以不"变态"吗？

李新荣*

一、"变态虎妈"面面观

当父母就是一场不断打怪通关的历程，而在北京这种优质义务教育资源分配极不平衡的城市中当父母，可能很少有气定神闲作"猫爸"的，大部分或自愿或被迫的成了"虎妈"，更有甚者，成了传说中的"变态娘"：舍不得吃、舍不得穿，却舍得拿大把大把的钞票送给培优机构；孩子上学父母工作、孩子培优父母作陪，节假日不属于孩子也不属于家长；眼睛盯着的是考试成绩，耳朵听的是各路有关教育的小道消息，鼻子还要灵敏嗅出暗流涌动的培优市场孰优孰劣，口口谈论的也都是培优呀！

我一度以为那样的"虎妈""变态娘"只是个案，但早几天的闺蜜聚会着实使我从云端上摔到了凡世间。一位闺蜜在某国社工作，孩子户口理所当然的是单位集体户口，且在西城区。好在房子买得早，原在宣武区，后来宣武和西城两区合并理所当然的也在西城了，其次夫妻收入大致在上中产，就是这样的背景，为了女儿的"幼升小"，拉关系择校和上培优都用上了，用闺蜜的原话说："我想通宵排队，但是北京电脑派位也没给我这机会呀！"我感叹道她这也算是十八般武艺全用了。另一位闺蜜更狠，为了女儿可以上中关村一小，直接投资学区房。

纵观"虎妈"的通关秘籍有四。第一，学区房，从"宇宙中心"五道口每平方米10万以上的学区房，到西城区文昌胡同单价超过45万元的天价学区房，这些报道一次次出现在报端，刺痛着民众神经。尽管今年年初教育部办公厅下发《关于做好2016年城市义务教育招生入学工作的通知》要求，在目前教育资源配置不均衡、择校冲动强烈的地方，要根据实际情况，积极稳妥地采取多校划片，将热点小学、初中分散至每个片区，确保各片区之间大致均衡。但事与愿违，从二手

---

* 作者为中央财经大学经济学院副教授。

房机构网站发布的房屋价格来看，西城、海淀等区二手学区房溢价率仍居高不下。而同样的剧情在上海、深圳、济南、青岛、西安等地都在重复上演。第二，拉关系择校，曾几何时"共建生""条子生"等都是拉关系择校的衍生物，为"拼爹""拼权"留下了"后门"。教育部于 2014 年 2 月下发通知，专门针对 19 个重点大城市的义务教育免试就近入学工作提出详细的时间表：到 2015 年，这些城市 100% 的小学划片就近入学，90% 以上的初中实现划片入学。但是仍有人想尽办法择校，而"政策保障生"又成了"共建生"的升级版。第三，提前学成"牛孩"，从凌晨 4 点开始，家长带着小板凳和 iPad 赶来，一边排队领号一边玩游戏，只为在知名培训班"占坑"，甚至给还没开始上幼儿园或者幼儿园小班的孩子报名，这是出现在上海一些教育培训机构门前的一幕。上海市教委召开新闻发布会，回应"幼升小"家长有关"提前学拼音"等问题的焦虑——拿出数据，语文教学专家、幼儿心理专家、小学校长等齐上阵，劝说家长"千万不要提前学"。这是全国省一级教育主管部门，第一次在暑假前向社会上"提前学"的风气宣战。第四，排队，尽管京籍小孩的"幼升小"已经不再需要排队了，但是吉林的"虎妈"依然用这种最传统的方式通关。

走在这样的通关之路上，"虎妈"整天都在忙着学秘籍，着急和别人抢位子，想不"变态"都难！

二、供给不足和分配不公是"虎妈变态"的根源

其实，从经济学的角度分析，资源稀缺是无处不在的，你争我抢是正常的社会现象，而且只有这样，资源才能流向最能发挥它用处的地方，提高经济效益，也就是经济学中经常提到的边际效用最大化。但是，既然人与人之间对物质资源的争夺总是存在的，为什么只有目前才让我们觉得"虎妈"通关之路走起来异常"变态"呢？我想，至少有以下两个方面的原因。

其一，义务教育资源相对私人物品来说更加稀缺，导致对其争夺异常激烈，从而使得"变态虎妈"的出现成为可能。

改革开放 30 多年来，我国市场经济得到了飞速的发展，物质资源得到了极大的丰富。绝大多数产品已经从供不应求转向了供过于求，老百姓也远离了那种为买吃的或者穿的去通宵排队或者争抢的年代。但是，相对于市场供给的产品品类极大丰富而言，许多公共资源的供给却没有得到相应的提高。例如，从公共教

育支出占 GDP 比重上说，我国教育投入总量仍严重不足，与世界众多经济大国相比存在很大的差距。

表1 1998–2005 年各国公共教育支出占 GDP 比重（%）

国家	年份		
	1998	2000	2005
巴西	4.87	4.01	4.53
加拿大	5.64	5.56	4.96
法国	5.79	5.67	5.65
英国	4.92	4.6	5.51
美国	5.03	–	5.35
乌拉圭	2.42	2.8	–
中国	2.3	2.58	2.82
全世界	4.58	4.73	4.84

注：数据来源：世界银行数据库（http://data.worldbank.org/data-catalog）和《中国教育经费统计年鉴》。

2005年财政性教育经费支出占国内生产总值的比重仅为2.82%，是世界平均水平的58%。到2012年此比重才刚达到4%，而OECD国家在1998年就达到了5.8%的平均水平，曾有联合国教育官员说，中国对教育的重视程度"还不如贫困的乌干达"。在教育经费投入整体不足的情况下，我国财政用于义务教育的支出水平较低。2003年义务教育经费投入仅占全国教育经费的46.8%。而国际经验显示1995—1997年部分国家对初、中等教育的投入占公共教育投入的比重分别为：印度78.3%、巴西73.8%、韩国92%、美国74.8%。此外，因为义务教育经费主要来自地方财政拨款，显而易见，义务教育资源在经济发展程度不同地区间的配置严重不平衡，越是经济不发达的地区，义务教育经费投入越不足。2003年，上海小学生人均教育经费达到7030.12元，北京达到5245.24元，而最低的贵州只有694.91元。2005年年底，国务院发出《国务院关于深化农村义务教育经费保障机制改革的通知》（国发〔2005〕43号），并以雄厚的中央财力承担了大部分的义务教育支出。即便如此，到2010年，上海小学生人均教育经费提高到18982.88元，北京提高到19762.13元，而贵州仅提高到2962.16元。这种因教育投入的差距导致教育发展不均衡和教育机会不均等的状况有所缓解但是依然显著。

相对于各种可以选择的私人物品来说，由于义务教育资源是大家生活中都离不开的，因此，在较为稀缺的情况下，公众对其争抢的激烈程度就会随之上升，进而就可能产生焦虑情绪，从而客观上为"虎妈""变态娘"的出现，甚至流行准备了条件。而作者最近发表在《经济研究》的《公共资源与社会信任：以义务教育为例》一文通过实证分析表明，当小学生人均教育经费提高 1000 元后，居民信任陌生人的概率上升 0.53%，能部分缓解其焦虑情绪。相对于城市居民特别是一线城市居民关心优质义务教育资源而言，农村和贫困地区的居民可能更加关心供给数量的变化，而不是供给质量的改变，农村和贫困地区的小学教育资源供给数量提高将显著提升居民社会信任水平。文章还指出，在一些地区不可避免地存在着教育质量不高、教育效果较差等问题。在控制相同的教育质量后，公共资源供给数量的改变对社会信任的影响依然显著存在。

其二，义务教育资源分配中存在的乱象导致"虎妈""变态娘"的流行成为现实。

义务教育资源的相对稀缺，导致它的分配显得异常重要。尽管我国先后颁布了《教育法》《义务教育法》等教育法律，推进九年义务教育的普及工作亦取得了较大成绩。但不可否认，我国的义务教育法律体系仍欠缺系统性与完备性，特别是欠缺义务教育经费投入的专项法律法规，缺乏对各级政府教育投入行为的详细界定与明确规范，政府自由裁量空间过大，教育部门主导下形成的校际间的巨大差距导致优质教育资源分配极不平衡，择校过程的不透明、不平等、不公平现象仍然相对普遍。以"占坑"为例，用"黑幕重重""暗流涌动"形容亦不为过。用培优机构工作人员的原话说："为什么说小升初水很深，因为你说它没有制度吧，没有潜规则吧，有。你要说正规吧，不正规，能乱到什么程度，每一个学校单独命题，每一个学校考试的时间不同，每一个学校不止一次考试，每一个学校每次考试的出题老师都不一样，能差到这个程度。" 所谓"占坑班"是指公办重点学校与社会培训机构合办、面向小学生的学科培训机构，目的在于从中选拔优秀学生升入本校初中。进了这种班，就相当于向重点中学预约了一个位置，占了一个"坑"，只有占了这个"坑"，才有可能将来被"点招"进入这所学校。因为"占坑班"背后都有着各个名校的影子，所以如果孩子不是特长生或市级三好生，家长又没钱没权，那么在通关这条路上，"占坑班"是民众最容易够得着的门槛，也是相对靠谱的办法。而所谓的"坑"，其实就是名校的入学名额，一个班的"坑"越多，其含金量越高，也就越受家长的追捧。而培优机构工作人员可以帮孩子交上简历，使其提前通过特长被点招。当然工作人员也承认一方面名校的点招机会会向相关培优机构倾斜，另一方面不是任何机构都能获得点招机会。

可见，义务教育资源供给不足为"虎妈""变态娘"的流行准备了温床，而不健全的义务教育资源分配体系导致这种潜在可能变成了现实：本来应该是政府代表全体人民进行建设并维护其分配的，但是目前看起来做得还不够，于是大家就纷纷摩拳擦掌自己争抢了，"变态"行为自然就多见了。《公共资源与社会信任：以义务教育为例》的实证分析结果证明了我们的猜想。由于居民对义务教育资源的争夺能力存在差别，因此他们对这种变化的敏感性也就存在不同。当义务教育资源供给不足导致人们之间的不信任程度加剧时，这种效应对于争夺中处于较弱势地位的群体来说应该表现得更为强烈。换句话说，老百姓的收入分配体制越不公平，那么个体之间的争夺能力差异越大，居民信任陌生人的概率下降，加剧其焦虑情绪。

三、加大供给和公平分配是"虎妈变态"的解决之道

如果不论"猫爸"还是"虎妈"，孩子都可以有"学"上，有"好学"上，那么就没有"变态娘"了，可那会不会只存在于迪士尼的童话世界里呢？为了实现这样的"中国梦"，根据上面的分析，至少有以下两点是可以做的：

第一，加大公共资源的供给。古人说的好，仓廪实而知礼节。在教育经费投入整体不足的情况下，用于义务教育的支出水平较低，同时在经济发展程度不同地区间的配置严重不平衡，估计没有哪个父母会是悠然自得，置身事外，更可能出现的是"一切人反对一切人的战争"。因此，必须要千方百计地扩大义务教育资源供给，这是根本的解决之道。政府无疑是资源的主要供给者，但也应该充分发挥市场的作用，支持民办、私立教育的开展，资助企业、团体、个人参与义务教育学校建设，提供多样化、优质教育，这样才能够更快地提升义务教育资源的供给数量和质量，实现人民群众日益高涨的有"学"上和上"好学"的愿望。实现居民无论是租住还是自有房产，他们的孩子都可以免费上该区域的公立学校，甚至可以免费坐校车的愿望。

第二，要健全并严格执行公平合理的分配机制。义务教育资源的分配涉及我们每个人的切身利益，因此，需要广泛地征集意见，制定公平合理的分配规则。一旦这个规则制定下来，还要认真执行，防止"截留、挪用""跑冒、滴漏"等违规行为的发生。此外，硬件教学条件提高的同时，组建教育集团、完善教师轮岗流动制，都是实现全民义务教育公平性的国际经验。

精神至上是企业家的品格

陈 宪*

企业家源于创业者。物质条件无疑是创业起步的基础，例如，获得天使投资，抑或风险投资，甚至掏出自己的积蓄。从创业开始，到成为企业家，是一个 N 次试错的过程，每次试错为"对"的概率，乃至最终的成功率都是很低的，所以，仅凭物质条件肯定是不行的。如果钱能砸出企业家，那倒也好办，各色投资基金就集中优势兵力打歼灭战，用钱将企业家一个一个砸出来。但是，被砸钱的这个人（或团队）是"对"的人吗？他们创业的项目是一桩"对"的生意吗？这些都是不确定的。因此，钱是砸不出成功的创业者、企业主，更是不可能砸出企业家的。企业主和企业家都是为"对"的结果多次试错，尤其是企业家，一定是关键性试错后"对"的结果。

一

观察实践中创业走向成功的过程，我们大致可以将试错分为三个"维度"。创业试错的第一个"维度"，要解决"人"对不对的问题，即创业者试错。创业者至少具有三个特质：其一，风险偏好。心理学的实验表明，人群中风险偏好类型远少于风险规避类型。其二，组织才能（即领导才能），即阿尔弗雷德·马歇尔说的第四个生产要素 Organization。这里，组织才能包括决策的能力、用人的能力等。其三，性格乖张，如有激情、不安分、崇尚自由和好奇心强。无论风险偏好、组织才能，还是这些性格特点，都是人内在的潜质或精神状态，创业者将在创业试错中表明：具备或不具备这些特质。显然，同时具备这些特质的人少之又少，今天的创业项目和创业环境又更加复杂，所以，团队创业渐成主流。团队成员能否互补、协调，成为创业能否成功的关键要素之一。

---

* 作者为上海交通大学安泰经济与管理学院教授。

【经济评论】

创业试错的第二个"维度",要解决"对"的"人"是否在做"对"的"事",即需求试错。在全面过剩的社会,发现新的市场需求,并找到相应的盈利模式,是小概率事件。在现实的创业过程中,需求试错和创业者试错既相互独立,又有着交集。这是因为,需求试错同样对创业者的能力提出要求:具有极好的方向感,具有把握和预见市场需求及其演变的能力。因此,需求试错为"对",意味着正确的"人"找到了正确的"事"。成功的创业者总是在发现市场,创造市场。他们唯有发现和创造了新的市场,获得了超额利润,才能从众多创业者中脱颖而出。

这两个试错的结果均为"对",创业者可以成为一个通常说的商人、老板或企业主,但距离成功的企业家还很远。"不想当元帅的士兵不是好士兵",试错还要继续。第三个"维度"的试错,决定企业主能否成为企业家,就是上面所说的关键性试错。

多年前,看吴晓波的《大败局》,颇感意外的是,这些陷入败局的企业老板,都是民营企业的当家人。他们为什么盲目扩张,直到把企业做垮?我思来想去,这可能要用人格缺陷来解释。"外部环境的冲击,可能影响企业的发展,但企业最终是垮在自己手里的。"一位老板如是说。那么,企业主常见的人格缺陷有哪些呢?自我膨胀。盲目扩张导致出局,是自我膨胀的结果;过度投机。在转型时期的中国,最容易产生不良的、不当的政商关系,这是过度投机的一个典型表现。倒在政商关系上的企业主不在少数;还有老板们自身的陋习或恶习。这些不良习性在财务状况尚好时不是问题,当遇到危机时,就成为压垮他们的最后一根稻草。所以,企业主不断在对自己的人格试错。照马克斯·韦伯的意思,就是要在激励和约束之间找到平衡。人格试错为"对"的企业主更是凤毛麟角。

20世纪初,韦伯在《新教伦理与资本主义精神》一书中阐述了理想的企业家类型。他写道:"他们在艰难困苦的环境中成长起来,同时既精打细算又敢作敢为,尤其是冷静、坚定、精明、全心全意地献身于他们的事业,并且固守着严格的中产阶级的观点和'原则'。""这一理想类型的雇主羞于炫耀,并避免一切不必要的开销,也不对自己的权力沾沾自喜。进而,接受作为他们普遍社会声望之证据的许多奖赏使他们感到窘迫。换言之,他们的生活常常带有某种禁欲的特征……这其实是一种本质上比他以如此审慎的方式向他人推荐的秘密的更加诚实的谦虚,这种谦虚在他身上不是罕见,而是常态。他从他的财富中为自己个人'一无所获',而只得到了一种'成就了他的职业'的非理性的感觉。"他指出在成功企业家身上应该是激励和约束两种企业家精神的完美结合，是把握到了问题的要害。不过，中国的现实情况是，整个社会的试错激励及其他相关激励均有不足，阻碍了企业家第一种精神特征的发挥。法律约束、道德约束和信仰约束的缺失，使得企业家应该具备的第二种精神特征也表现平平。

二

有人说，没有必要把创业者看得那么高尚，他们是冲着利益去的。人们的任何经济活动都与利益有关，所以，不能否认创业者有利益动机。但在创业试错的过程中，利益往往很骨感、很缥缈，倒是精神的执着和坚定，是实实在在的。精神有天赋的因素，如风险偏好、好奇心强等；也有后天环境的倒逼，如资源稀缺、环境恶劣，但是，这些天赋和倒逼往往在精神强大的创业者、企业家身上得以彰显。也就是说，精神变物质，精神反作用于物质，乃至精神决定物质，是因人而异的。在几乎每一个成功的创业案例里，我们都毫无例外地看到创业者、企业家的坚忍和坚持，他们曾有无数放弃的理由，但他们始终没有选择放弃，而是在"再坚持一下的努力中"，获得了成功。

创业的物质条件固然重要，但是，一如上述，创业就是试错，能否在 N 次失败面前选择坚持，就是精神力量在起作用，进而成为最终成功的关键。我在带交大的 EMBA 学生到以色列游学时，与《创业的国度——以色列经济奇迹的启示》的作者之一——索尔·辛格有一次交流，他强调，对于创业者来说，一个想法、一个点子并不是最重要的，面对愿景、任务的态度，面对困难的坚持更加重要。是什么在支撑、支持着创业者？辛格认为，是持续的精神力量。他提到了在以色列，还有在国防军服役时得以养成和提升的意志品质。这当然也属于精神的范畴。

一方面，成功创业对创业者特质的要求是多元的，如风险偏好、领导才能，无一能少；另一方面，现今时代创业项目的复杂性大幅度提高，所以，与个人创业相比，团队创业成为更加普遍的创业形式。然而，团队创业看似可能提高创业的成功率，实际效果却不尽然。这是因为，团队创业有一个成员间合作的难题，尤其是在创业小有斩获时，成员间发生分歧的可能性大大增加，由此就会影响到项目的推进和成功。所以，对团队创业而言，团队精神，尤其是团队主要成员的团队精神，就成为创业能否成功的决定性因素之一。

除了在现实的过程中，可以看到企业家身上坚持、合作这些精神元素，经济学则从文化要素促进经济增长的视角，发现企业家精神对经济发展和增长的贡献。企业家精神与文化，尤其是与宗教的关系，是这一课题的一个重要切入点，受到研究者的关注。马克斯·韦伯和维也纳·桑巴特则是这个领域的开创者。在现代资本主义（即市场经济）的兴起中，现代资本主义精神起到了什么作用，现代资本主义精神的源泉在哪里，是他们所关心的焦点。

国际公认的韦伯研究专家斯蒂芬·卡尔伯格为《新教伦理与资本主义精神》写了一篇"导读"。在这篇"导读"中，卡尔伯格就韦伯关于现代资本主义兴起，现代资本主义精神起源的思想做了一个梳理。他写道："尽管《新教伦理》经常被理解为对现代资本主义的兴起，甚至对我们今天世俗的、都市的和工业的世界的起源提供了说明，但其目的实际上远比这更为谦虚。韦伯希望阐明现代工作伦理和物质成就取向的一个重要来源——他称之为'资本主义精神'，是存在于'入世'的功利关切和商业精明之外的领域中的……韦伯坚称，任何关于资本主义精神起源的讨论必须承认这一核心的宗教源泉。"这里，我们要特别注意"更为谦虚"和"之外的领域"这两个提法。韦伯所称的"资本主义精神"（即现代资本主义精神。在韦伯那里，资本主义和现代资本主义是有原则性区别的）其实就是职业精神，包括企业家精神、创业创新精神，产生的是激励的作用；他所要承认的"宗教源泉"的背后就是新教伦理，产生的是约束的作用。因此，"新教伦理和资本主义精神这二者在促进现代资本主义兴起上发挥了重要的推动作用"。

韦伯运用统计学方法发现，在任何一个宗教成分混杂的国家，受过高等技术培训和商业培训的管理人员，绝大多数都是新教徒，进而证明新教伦理在现代资本主义起源中的决定性作用。他指出，资产阶级的经济利益不能导致资本主义精神的产生。通过比较案例的考察，他认为，有利的技术和科学创新、人口变迁，以及气候和其他一些因素确实存在于中世纪的西方，也曾存在于古代世界，以及中国和印度的一些年代——然而，现代资本主义却没有首先出现在这些文明中。进而，他坚信，资本主义精神具有非常重要的非经济的和非政治的根源，即文化的根源。当然，和许多以欧洲中心论支配的研究一样，韦伯关于新教徒与资本主义精神或企业家精神的因果决定论，是我们不能接受的。其他宗教就不产生企业家精神吗？答案当然是否定的。桑巴特就给出了另一个回答。

桑巴特与韦伯在资本主义起源问题上看法相同，两人都强调资本主义精神在西方世界兴起中的重要作用，但在这种资本主义精神的起源上，他们之间产生了分歧。桑巴特不同意韦伯将资本主义的产生与新教伦理相结合的观点，他认为，资本主义产生于犹太宗教。他的这一结论来自于"遗传学方法"，根据犹太人被驱逐和迁徙的历史事实。《犹太人与现代资本主义》（上海人民出版社，2015.9）的译者安佳在"译者后记"中指出："桑巴特将资本主义精神之起源以及资本主义的成长和发展的历史视角，放到了犹太人身上。在桑巴特看来，犹太人的作用是双重的。一方面，他们影响了现代资本主义的外在形式，另一方面，他们表现了现代资本主义的内在精神。在外在形式方面，犹太人帮助现代西欧国家形成了今天的资本主义体系，赋予了资本主义组织特有的性质。在内在精神方面，犹太人赋予经济生活以现代精神；他们支配了资本主义的基本观念，让资本主义得以充分发展。"

众所周知，2000多年来，犹太民族在世界各地受到排挤和屠杀，被打散过无数次，丧失了自己的家园。但是，坚定不移的信仰，培养了犹太民族坚忍不拔的意志，顽强地生存、工作和发展，最终重建了自己的国家。犹太民族的文化氛围、归属意识、团队精神十分强大，确实在很大程度上得益于宗教信仰，即来自宗教的精神禀赋。从早期的复国，再到他们的创业、创新，无疑是与犹太人的特有精神相联系的。然而，民族精神与创业、创新精神间的联系，可能有强弱之分，但不存在有无的问题。也就是说，任何民族都有着自己的创业、创新精神，乃至企业家精神。

桑巴特在阐述资本主义与犹太教义之间联系，以及犹太教教义之于现代经济生活的重要意义时，也同时声明："我在不同的教义中看到同样的精神。"（《犹太人与现代资本主义》，第206页）所以，被韦伯和桑巴特称为资本主义精神的企业家精神，乃至职业精神是一般，新教教义、犹太教教义，以及其他教义，抑或准教义，都是特殊，都可能对企业家精神的产生起作用。否则，不好解释东亚文明中的企业家精神；民国时期和改革开放以来中国的企业家精神。企业家阶层、企业家精神的文化基因是多元的，可以来自先发的文明中，也可以来自后发的文明中。

无论是在创业试错的过程中，还是在市场经济起源和发展的过程中，创业者、企业家精神之上的品格，都产生并发挥着决定性的作用。这是一个不难观察到的现象。研究文化要素促进经济增长，企业家精神就是一个合适的切入点。

【经济评论】

太极拳演变中的经济学

周业安*

太极拳作为中国传统武术中比较辉煌的一个拳种，其发展演变历来是武术家争议的话题。笔者是一个门外汉，对武侠故事和武术史有一点兴趣。某一天笔者突发奇想，假如从经济学的视角来理解太极拳的演变，是不是能够有一个更合理的历史逻辑？对太极拳历史的经济学解读，是武术史、经济史以及其他社会科学综合运用的一种尝试，或许经济学家和企业家也可以从中领悟出一些"滋味"。本篇是系列的第一篇，有不同观点可以讨论，可以"拍砖"。

一、世上有个张三丰

平常百姓都知道有一个张三丰（或张三峰），武功出神入化，近乎仙人。不过现代人了解张三丰，多半是看了金庸的《倚天屠龙记》，或者相关的影视作品。而张三丰其人，在历史上真有过，实际上，《明史》中就有明确的记载。当然，有关张三丰的传说有两种，一说是宋代的，一说是元末明初的。还有些当代学者煞有其事地论证说，张三丰不仅确有其人，还活了两百多岁。这话能不能信呢？要是说不信，会被一群信徒的唾沫星子淹死。如果说信，那现代的医学也就是一堆"废柴"。毫无疑问，张三丰在历史上应该是道学方面的

《倚天屠龙记》书影

宗师级人士，这点完全有可能。但修仙一说，按照科学哲学的说法，没法证伪，即便现在都能登月了，也没见着嫦娥啊。在古代，但凡和张三丰有关的传说，都

* 作者为中国人民大学国家战略与发展研究院经济学院教授，博士生导师。

是和修道成仙有关，并没有特别明确的证据指向武术。

张三丰有没有高绝的武功？还真有证据。明末清初，大儒黄宗羲曾撰写了《王征南墓志铭》，其子黄百家也撰写过《王征南先生传》和《内家拳法》，这些史料中的确提到宋之张三峰为武当丹士，拳法高明，不仅会少林拳法，还在其基础上创立了内家拳法。这套拳法后来经王宗、陈州同、张松溪传了下来，王征南习得了这套拳法。王征南在当时是知名的反清复明义士，武功高强，黄百家拜其为师，学习武艺。而王征南的武艺就是传自张松溪一脉。张松溪的拳法时至今日仍有流传，特别是在四川一带。松溪内家拳是真实的存在，其尊武当也是真实的存在。但"尊"并不等于说就是其发明。古人的"尊"多半是尊敬，也就是找个大神撑门面，并非严谨的史学推断，这点还请读者注意。

从史料上看，黄宗羲和黄百家父子这个说法是迄今为止作为武术的内家拳技术体系和张三丰有内在联系的最早和最关键的证据。但这个证据是个孤证。除了这个证据，明清时期的武术典籍以及各种正规史料均未有关张三丰和内家拳相关的线索的记载。即便如戚继光这种武学大师级别的超级武术家，并且还是武术史宗师级别的学者，也未有明确的提及。要知道当时戚继光为了有效抗倭，不仅召集了许多武术名家研讨，而且还精研各门各派武学，从中提炼出最有效的技术和动作。假如当时有武当张三丰内家拳法这种足以和少林平起平坐的武术拳种，戚继光和其他武术家怎么可能会忽略？而在戚继光的著作中，虽然提及多种代表性的武术，但没有关于武当张三丰内家拳的记载，更没有太极拳法记载。为何这个精确度很重要？因为戚继光有对少林棍的记载，假如在当时就有了少林武当的寡头格局，怎么可能只有少林而没有提武当？张三峰创拳说同样是无法证伪的，自然无法否认，同样也无法肯定。不能因为黄宗羲父子名气大，说的话一定就对。毕竟旧时文人附会神仙的例子多了去了。

更有趣的是，张三丰创内家拳的说法在民国的时候改变了，民国不再流行张松溪之内家拳，取而代之的是张三丰创立的太极拳。先不争论黄宗羲和黄百家笔下的宋代张三峰和明史记载的张三丰究竟是啥关系，因为神仙的事咱没见过，说不好。但有关太极拳是张三丰所创的说法在民国时期倒是开始流传开来，先是见于一些太极拳流派的所谓家传秘本中，然后是一些人火急火燎地找各种证据来论证。原本这不是一个问题，如果我把太极拳在清末民初显学化的大概过程说一下，可能读者就清楚了。有文字记载的故事是这样的：河南有个陈家沟，陈家沟有个厉害的拳师叫陈长兴，会一种很厉害的拳法，没有具体名字。后来有一个河北人杨露禅机缘巧合上门求学，一来虔诚感动了陈长兴，二来过人的天赋吸引了陈长兴，总之，原先陈家沟不传外姓人的规矩被打破了，杨露禅作为外姓人终于习得了这门神秘的拳术。到此为止，这个拳术还是无名的，因为杨露禅回家乡练习和教授拳法时，就没有名字，据说当时当地人都称之为绵拳、软拳等，意思是相对于少林拳等，这种拳法太软了。杨露禅后来因某种原因（这个说法不一）来到北京，为了生活开始教授他在陈长兴那儿习得的拳法，据说被帝师翁同龢所见，视其技术路线，符合易理，后来人们就称呼这种拳为太极拳。当然这只是一个传说，同样也没有硬证据证明。

在当时有明确文字说法的太极拳传播路径，就是陈长兴—杨露禅—其他人这一条主要路径。另一条路径则是杨露禅有个同乡，名叫武禹襄，喜好武术，文化水平也高，先是跟着杨露禅学，后来想去跟陈长兴深造，无奈那会儿陈长兴年纪太大，无法正常教学，于是武禹襄找到了陈家沟隔壁的赵堡的陈清平（也叫陈青萍）学。据说学了1个多月，就大彻大悟，回来后潜心修炼，形成了独到风格的武式太极拳。武禹襄文化水平在当时算高的，其外甥李亦畬一直跟着武禹襄习武，且文化水平高。李亦畬在其留下的手稿中，一开始也说太极拳来自张三丰，但后来自己又否定了这个说法，承认"太极拳不知始于何人也"。对于不太熟悉太极拳历史的读者来说，需要补充说明的是，在杨露禅之前，没有任何有关太极拳的说法。待到杨露禅在京城成名之后，才开始有了各种有关太极拳的说法，这些说法无非涉及两个方面：一是太极拳其实来自张三丰；二是太极拳这个名字其实很早就有了，在杨露禅之前就有了，只不过人们没有发现而已。大概的意思是说，后来人们突然发现了，比如武禹襄突然得到了一本王宗岳的《太极拳论》，这个不仅证明太极拳来自张三丰，还证明太极拳这个名字也早而有之。总归就是，杨露禅没有名扬天下之前，一切都静如止水；而当杨露禅成为独步天下的武术宗师时，各种太极拳法和各种派别传人也都随之冒了出来。是巧合还是必然？

二、为何民国时期的很多太极拳家尊张三丰？

接下来我们就要解释了，既然太极拳和张三丰的关系缺乏硬证据，那么为何在当时会开始流行张三丰创太极拳的说法？如果单从武术史的角度，这几乎成了一个无解的难题。但从经济学的角度看，则非常容易理解。我们可以做这样一个思想实验。假定回到杨露禅的时代。那会儿作为师父的陈长兴武艺高强，但作为武术家只能从事保镖护院的工作，这份工作风险高，收入低，属于性价比较低的行业。这也是过去武术家的困境，你很少见到古代武术家发财的。所以古代才有穷文富武的说法，习武投入大，产出小，普通家庭练不起，除非机缘巧合，或者说自身特别喜爱。杨露禅家境一般，自然也不可能靠武行致富，最多也就是混口饭吃。但碰巧来北京了，北京有钱人家多，有钱人家的子弟身体孱弱，急需通过某种健身方式来提高身体素质。一般的武术太刚猛，不仅练习者身体素质难以达到要求，而且也不太文雅。而杨露禅所习拳法能让身体练得柔和，举手投足温文尔雅，颇与书生意气相投，这就相当于供给方和需求方有了缘分，恰好撬动了一个高端市场，这个高端市场都是高净值人群，收入高，对健康的投入也大，杨家人无疑可以通过走职业教练这个行当来安身立命。

作为当时最杰出的武术家之一的杨露禅无所谓，他和其子杨班候在当时号称无敌，这高绝的武艺足以打动很多人。但对于其他人来说，就不得不面临一个问题，高净值人群通常都很讲究身份，如果一种拳法无法和其身份相匹配，这个市场未必走得顺利。大部分人的需求并非成为一个技击家，而是为了获得一个好的体魄。对于想吃这碗饭的人来说，没有达到杨露禅和杨班候父子无敌的技击水平，无法走高冷路线，那么就不得不面临下面的约束条件：优异的健身功效；高端大气上档次的身份。健身功效只能通过试点来测试，但身份问题难以解决。如果说太极拳只是陈家沟的，这帮高净值人群恐怕顿时失去了兴趣。陈家沟是个什么地方？有大儒吗？有历史名人吗？都没有。如果就是一群武术家祖祖辈辈传承下来的，很难打动这个群体。那么这个时候，的确需要某个身份认同，不仅是让高净值人群认同，还得自己认同。那么，不知道是谁灵光一闪，觉得如果尊张三丰为始祖，恐怕是最恰当不过的了。一来张三丰是有名的得道成仙的典范，二来张三丰是黄百家认定的内家拳创始人，三来张三丰是传说中的道学大家。无论学识、地位还是武功，都够得上鼻祖的地位。特别重要的是，将太极拳和张三丰联系到一起，还无法证伪，因为根本就没有相关的硬证据。

有了张三丰这个始祖，足以震住那帮高净值人群，从而可以在当时北京的健身市场上获取垄断地位。事实证明，当时太极拳教练的收入非常高。当时大学的一级教授也就月薪500大洋，最高的可以到600大洋。而一个顶尖太极拳师的收入可以接近甚至超过这个数。正因为有巨大的市场需求，那么通过身份认同的方式建立垄断地位，从而可以获得超额垄断利润，就是一种理性选择。这就如同奢侈品销售策略，一种产品一旦打造成为奢侈品，其附加值就会跳跃性提升，而张三丰的适时出现就让作为武术拳种之一的太极拳一跃而成为奢侈品，风靡一时。从史料上可以看出，张三丰和太极拳的关系在杨露禅、武禹襄时代还没有成型，但在杨武两人的弟子中开始有了传说，比如李亦畬的早期作品中就有这个说法。这个传说在北京的市场上慢慢发展成正式的学说，并通过秘本文字的方式正式记载下来，代代传承。通过口口相传和文字固化，张三丰的太极拳发明人的角色算是坐实了。而太极拳在当时的武术市场上一枝独秀也成了现实。与此相反，李亦畬的后期作品恰恰没有认可张三丰和太极拳的关系。为何北京的圈子里有，而李亦畬没有认可？很简单，因为当时李亦畬并不需要一个太极拳的市场，而北京的太极拳家则不得不面临市场需求的压力。由此可以推测，张三丰创拳说有可能就是市场需求的驱动。

你的创始资金从何而来？

辛 宇* 李新春* 徐莉萍*

"大众创业、万众创新"是本届政府提出的核心政策之一，创业、创新的风潮也席卷大江南北，周围很多的朋友、同学都陆续开始了自己的创业生涯。创业对经济增长和社会发展的重要贡献已是人们的共识，但是，民营企业家创新、创业时的创始资金从何而来呢？不同的结构来源又受到哪些因素影响呢？这倒是一个值得深入思考的有趣话题。

民营企业家创业时对各种资金来源的依赖和取舍，恐怕是其创业过程中一开始就不得不面对的重要决策。就可能的来源渠道来说，不外乎创业者本人、家族成员和家族外部成员三类，而这三类资金来源构成了初创企业的出资结构。

在转型期的中国，对民营企业的融资约束比较严重。为了克服融资约束，民营企业家会发展私人的社会关系网络，建立更多的与政府的联系，以拓宽资金来源渠道。从另一个视角来看，监管机制的不完善、金融体系的不发达以及部分腐败现象是导致公司对金融市场中非正式融资渠道（主要是指通过家族、朋友、单位和社会联系等私人非契约关系来募集资金）产生依赖的主要原因。

如经济学家 Stein 所说，企业融资需要克服的两个根本问题是信息问题和代理问题，而民营企业新创时在信息披露、未来发展前景的可预测性及公司治理的规范性等方面存在明显不足，这使得其一开始很难像成熟企业那样通过公开发行股票、债券或者是向银行举债来募集资金以获取正式制度和正式资本市场的支持。此时，非正式的制度、文化、传统在创业企业创立和成长过程中显得尤为重要，而各种资金来源提供者之间的相互信任或情感联结就发挥着非常重要的作用。由于缺乏市场交易和信用记录，创业者通过动员社会网络而获取创始资金，是克服正式制度供给不足或失灵下的一种替代或补充性安排。在转型经济中，如果正式的金融制度和资本市场发育不足，创业企业将更多地依赖家人和亲戚朋友的资金支持。

---

* 作者为中山大学管理学院教授。

在这样的背景之下，民营企业家创业时的家族参与可能变得比较重要，而在维持有效合作的过程中，家族成员之间的道德纽带和声誉发挥着特别重要的作用，家族成员会向其家族内企业家经营的私有企业提供业务上以及社会关系和经济网络方面的直接支持。同时，社会资本在企业家的创业过程中将发挥非常重要的作用，企业家会动用其个人所拥有的社会联系和关系网络来追求其创业目标。此外，不同国家整体的社会资本及社会信任水平的高低也会对其居民的创业活动产生重要影响，一个居民所处国家的整体信任水平越高，该居民加入的正式组织数量越多，则其感受到的创业机会也会更多，他也更有可能与私人联系较弱的人员共同投资开展创业活动。

顺着这个逻辑思路分析下来，我们看到民营企业家创业时的创始资金来源结构可能主要受这样几个因素的影响：

创业项目本身的特征及创业企业家自身的人口统计特征。创业项目所需资金规模越大，则来自企业家个人的出资比例就越低，而来自家族成员和家族外部成员的出资比例就越高；年轻企业家在创业时更有可能得到来自家族成员的出资支持，而年龄越大的企业家，其管理经验更加丰富、经营决策更加成熟，更容易得到家族外部成员的认可；男性民营企业家的个人出资比例明显更高一些；民营企业家的教育背景越高，其人力资本的体现就更加明显，相应地，其个人的出资比例就越高，其对家族外部成员的出资依赖就会有所下降，进而使来自家族外部成员的出资比例明显低一些。

企业家所拥有的社会资本及其胜任能力。如果企业家是党员，或者企业家创业前有在公有制单位的工作经历，则来自企业家的出资比例会明显更低，而来自家族外部的出资比例会明显更高。家族外部成员的出资更多地体现为基于工具目的的出资，是以利益获取为主要目的的。企业家的政治背景越浓厚，其政治关联和社会网络就越广泛，可以动用的社会资源也就更多，更有机会吸引到家族外部的投资者；同时，外部投资者往往也会认为这样的企业家更具备胜任能力，从而对企业未来的前景更加看好，进而更愿意向这样的企业家所经营的民营企业进行投资。相应地，来自企业家个人的出资比例就会明显降低。

市场化程度的影响。民营企业家所处地区的市场化程度越高，则民营企业的创立就更有可能是基于一种契约关系，而非社会关系，此时，对来自家族成员的这种基于社会关系网络的出资的依赖就会下降，家族成员的投资意愿也会有所降低，导致家族成员的出资比例明显减少。从时间维度来看，早期的民营企业家在创业时，由于市场化融资渠道的匮乏，来自企业家个人的出资比例会明显更高，而来自家族外部成员的出资比例会比较低，而这一现象会随着我国市场化程度的逐渐强化而有所缓解。

上述讨论基本上都是基于工具理性层面的一些思考，感觉好像缺少人文关怀。事实上，马克斯·韦伯的《新教伦理与资本主义精神》和余英时的《中国近世宗教伦理与商人精神》都表明，宗教文化传统对经济行为有着深层次的影响，其塑造着经济个体的价值体系，也影响着宗教信仰群体的历史和行为所形成的特定社会认知，其行为规范为该地区的社会习俗所认可，并且作为非正式制度的重要组成部分，与一个社会的商业精神、社会文化、信任水平等有着密切关系。关于宗教的研究，长期以来集中在社会学和哲学领域，近年来也受到管理学和金融学研究的重视。宗教通过影响经济态度、社会资本、人力资本等进而影响到经济产出。

地区宗教传统。浓厚的地区宗教传统会导致其所在地的公司有风险反感的偏好，这体现在具体的经营决策之中，也反映在其对诉讼风险的反感方面；同时，浓厚的宗教传统还提升了人与人之间的信任程度，并降低了商业败德行为发生的可能性（如更少的财务造假和财务重述、更多的自愿性信息披露、更少的避税行为等）。民营企业创业时所处地区的宗教传统越浓厚，则来自民营企业家个人的出资比例明显更低，而来自家族外部的出资比例则明显更高。

原因在于，宗教传统浓厚地区的整体社会信任水平相对较高，人与人之间的信任更容易建立起来，更有可能共同投资开展创业活动，企业的风险控制也相对来说比较容易，这为企业家创业精神的充分发挥提供了基础性的制度环境，民营企业家能够感受到更多的创业机会，更能够利用社会网络资本来获取创始资金。相互信任水平的提高，降低了外部出资主体对企业后续经营过程中可能存在的经理人道德风险以及相应的代理成本和监督成本的预期，从而提高了外部主体出资的可能性。相应地，地区宗教传统越浓厚，企业家个人对控制权被外部出资主体稀释的担忧也会降低，进而更愿意引进外部资金投资，以扩大企业创立时可使用的资金规模，缓解企业家的自有资金限制，从而降低企业家自身的出资水平。

个人宗教信仰。个人宗教信仰会影响信仰者的创业活动、是否成为企业家的决策安排、企业管理情况以及其作为企业家的联系网络。阮荣平等的研究表明，相对于无宗教信仰者而言，有宗教信仰者创业的概率更大；就宗教影响创业的实现机制来说，他们认为主要原因可能包括宗教信仰改变了创业偏好（偏好效应）、宗教组织所构建的社会资本放松了创业约束（社会资本效应）等。

企业家个人的宗教信仰主要被与企业家个人进行互动的主体所观测到，所以可以增进企业家以外的主体对企业家个人这一特定对象的信任水平，而且信任者与被信任者之间的社会差序格局又会将这种信任再次分层（如家族成员、家族以外成员等）。

如果企业家有宗教信仰，则民营企业创业时来自家族成员的出资比例会明显更高，而来自企业家个人的出资比例则明显更低。个人拥有宗教信仰所带来的行为特征（诚实、风险反感、可靠等）可以为民营企业家带来声誉效应，其在创业时更容易获得家族成员的信任，进而会得到来自家族成员的资金支持。但是，我们也要看到这种基于个人宗教信仰的信任，其作用距离是有限度的，企业家的宗教信仰对家族外部成员的出资比例是没有影响的。这可能是由于个人的宗教信仰属于隐私层面，家族外部的出资者可能观察不到这方面的信号。

同时，由于中国的民营企业具有较浓厚的家族经营特点，家族成员出资后，很有可能会参与到企业经营中来，此时，企业家的宗教信仰使得企业家与参与经营的家族成员之间发生冲突的可能性下降，这也会增加家族成员的出资可能。

此外，有宗教信仰的企业家与其家族成员之间的情感联结可能会比平常人更为紧密一些，而且在很多情况下，企业家个人与其家族成员常常会拥有共同的宗教信仰。可见，家族成员的出资也有可能体现为基于情感（不以利益获取为主要目的，这里的情感联结可能包括或表现为家人之间的孝顺、友爱、尊卑有序、相互支持、不求回报等）的出资，而家族外部成员的出资则更多的是体现为基于工具目的（基本上以利益获取为主要目的）的出资。

改革开放30多年以来，我国在市场发展和制度建设上取得了很大进步，但是调整经济结构、完善市场、优化资源配置效率的道路还很漫长，在这一过程中，除了正式制度的完善，还需要充分发挥宗教、文化和传统等非正式制度的作用。此时，我们对创业资源的获取问题应该有更为全面的认识，并对商业实践中过度工具化导向的倾向以及部分由于价值观迷失而导致行为失范的现象抱持一种警醒、反省的态度，这对于我们理解转型期中国创业企业的成长具有较为重要的理论和实践意义，并促使我们更全面、更深刻地思考宗教传统和宗教信仰在企业运营过程中所扮演的角色问题。

价值观的沦陷
——来自互联网的冲击

胡志安*　陈思宇*

关于中国经济，有两个众所周知的事情：自改革开放以来，中国在经济上实现了快速增长；如今的经济增速出现下滑，步入"新常态"。在经过 30 多年 10% 左右的增长之后，GDP 增长率在 2015 年首度跌破 7%，这一方面原因在于金融危机之后国际经济环境不佳，另一方面也暴露出了中国发展过程中潜在的诸多问题。那么，解救中国经济增长的药方到底在哪？如何才能避免其陷入"中等收入陷阱"？从短期来看，积极的财政政策和货币政策是必要的，但在这个反省过去 30 多年增长问题的阶段，恐怕我们需要把眼光放得更长远些。

技术和文化是长期经济增长的关键因素，长期经济增长率由技术增长率决定，而文化决定了经济增长所需的制度环境和激励机制。在经济学学术界，有一大批早期的理论研究在探讨技术的作用和来源，其中包括了许多诺贝尔奖级别的经济增长理论，而文化正成为当前国内外学者研究（尤其是实证研究）的热点话题。当然，从近几年反腐败到 2015 年政府工作报告中的鼓励创新、创业，都可以看出决策层也对文化环境和技术进步在推动经济增长中的作用给予了高度重视。但在技术、文化、经济增长的三者关系中，技术与文化之间的交互作用是容易被忽视的，却是极其重要的研究课题，这方面仅有的一些研究均能在学界引起巨大的反响，例如，Alesina 的《关于古代犁技术的使用对于女性歧视的影响》一文成了性别偏好研究中的经典之作，再如"考察广播技术对于二战期间德国民众法西斯情绪的影响"也是一项极有价值且富含趣味性的研究。

如今谈及技术，发展最快且影响最广泛的必然是互联网，从 1969 年具有 4 个节点的阿帕网正式启用到今天，互联网技术在这 40 多年时间里得到了迅速的推广和发展。特别是近十几年来计算机和智能手机的广泛使用，大大拓宽了互联网的覆盖面。21 世纪初，我国互联网普及率不及 5%，截至 2014 年年底，这个数字已

---

* 作者为北京大学国家发展研究院直博研究生。

经上升到 47.9%，其中 11 个省份的互联网普及率超过 50%，普及率最低的省份也达到了 34%。互联网的影响是深远的，从当今电商的发展可以看出互联网正在打破传统行业行政管制的门槛，以互联网为基础的虚拟经济抢占了实体经济的市场份额，起到了倒逼市场化改革的重要作用。对于个人生活，大至教育、交通，细至心理健康、生活满意度，甚至个人的阅读习惯都受到了互联网的影响。

在享受互联网给民众生活带来便利的同时，我们也在积极讨论互联网管制的必要性。以信息渠道多样、信息内容繁杂、信息扩散迅速为主要特征的互联网信息平台，一方面降低了信息流动和信息检索的个人成本，另一方面也提高了负面信息传播造成的社会成本。互联网影响的两面性要求我们不能单纯享受这个信息时代的便捷，更重要的是要以公正的态度评判互联网对于社会文化、民众观念造成的冲击。而在中国文化和观念的变化中，我们感受最明显的是一个崇尚"天道酬勤"的传统社会正在被"物欲化"和"功利化"所侵蚀。由北京大学中国社会科学调查中心主持的"2010 年中国家庭动态跟踪调查"的计算结果显示，在将近 3 万的受访者当中，尽管仍有 82% 的受访者肯定了个人努力对于取得成就的重要性，但同时有 68% 的受访者认为家庭关系能决定个人成就，有 72% 的受访者认为社会关系能决定个人成就。这种观念对于个人而言显然是悲观的，而对于整个社会而言，它给广大民众提供了负向的激励，抑制了创造力和创新意识，不利于社会、经济的长期发展。在经历过"李刚事件""郭美美事件"之后，我们也许可以将这种负面观念的产生解释为"物质决定意识"。互联网对个人观念，尤其是成就观念，产生了多大影响？对这个问题的回答具有极其重要的现实意义和政策价值。

互联网与成就观念的研究

我们利用"2010 年中国家庭跟踪调查"做了一项研究，探究了网民的上网行为对于其成就观念的影响。中国家庭跟踪调查数据的优势在于样本量大，具有全国代表性，且包含了非常丰富的个人上网和个人观念的信息。这项研究的第一项工作是考察网民和非网民在"努力／家庭关系／社会关系是否促进个人成就"这三个观念上的差异。在控制了网民与非网民在年龄、性别、户口、民族、政治面貌、工作情况、婚姻状况、受教育程度和个人收入等个人层面上的差异之后，我们发现与非网民相比，网民赞同"努力促进个人成就"的概率低 10.3 个百分点，赞同

"家庭关系促进个人成就"的概率高 3.1 个百分点，赞同"社会关系促进个人成就"的概率高 5 个百分点。除了个人层面的差异，我们担心个人在家庭层面和所在省份层面的差异会影响到研究的准确性，例如家庭收入、省份富裕程度可能同时影响个人接触到互联网的可能性和个人价值观，如果在分析时不考虑个人在家庭收入和省份富裕程度上的差异，会导致上述研究结果出现偏误。因此，我们进一步控制了家庭成员人数、家庭收入和家庭传统价值观（家庭是否有族谱）等家庭方面的差异，并将同一省份的网民和非网民进行对比之后，发现上述结论仍然成立，且非常稳健。在这一基本结论的基础上，我们进一步考察不同网民使用互联网的时间长短对成就观念造成的影响。在控制了上述所有的个人层面、家庭层面、省份层面的差异之后，我们发现互联网的使用时间每增加 1 小时，网民赞同"努力促进个人成就"的概率下降了 0.5 个百分点，赞同"家庭关系促进个人成就"的概率上升了 0.5 个百分点，赞同"社会关系促进个人成就"的概率上升了 0.6 个百分点。

  上述分析以比较基础的方式定性且定量地揭示了互联网对个人传统的成就观念的冲击，但仍然有两个问题：成就观念会反向影响个人的上网行为，例如认为家庭关系和社会关系能促进成就的个人可能会通过增加对互联网的使用来维系人际关系；尽管我们已经控制了足够多的个人差异，但个人价值观和上网行为仍然可能受到成长环境、父母受教育水平等变量的影响，而这些变量我们无法通过数据获取，遗漏在我们的分析过程当中。这两个问题在计量经济学当中分别被称为"反向因果"和"遗漏变量"，统称为内生性问题。在我们的主题下，解决内生性问题的最纯粹但也是最困难的方法便是通过实验——将被实验者随机分为网民组和非网民组，并给网民组随机分配上网时间，上网行为结束之后询问他们对于各种成就观念的看法。但这种实验费时费力，且无法模拟网民日常的上网环境，因此现实中无法操作。除实验的方法以外，事实上我们还可以利用统计上的方法来缓解内生性问题。我们在研究中采用了计量经济学中非常流行的工具变量方法，即寻找一个与个人上网行为相关（相关性），且只通过个人上网行为影响到个人价值观（排他性）的变量作为个人上网行为的工具变量进行估计。个人对互联网的可及性受到地区互联网普及率的影响，而互联网普及率难以通过个人上网行为以外的途径影响价值观。基于这两个事实，我们分别以个人所在县和地级市的互联网普及率作为个人是否上网的工具变量，估计结果表明与非网民相比，网民赞同"努力促进个人成就"的概率低 33—35 个百分点，赞同"家庭关系促进个人成就"的概率高 21—30 个百分点，赞同"社会关系促进个人成就"的概率高 10—18 个百分点。这一结果说明内生性问题的存在导致我们之前大大低估了互联网的使用对于个人价值观的冲击。

我们以上的基准估计并没有考虑到互联网影响的异质性，异质性的来源有两个：个人本身的异质性，即互联网对于价值观的影响在不同性别、年龄、户口、收入和学历的人群中可能存在差异；上网行为的异质性，即互联网对于价值观的影响可能取决于上网所接触到的不同信息。当考虑到第一种异质性时，我们发现互联网对于价值观的负面冲击在不同性别、年龄、户口和收入的人群中都是普遍存在且较为类似的，唯有学历的提升能够有效地稀释互联网的负面影响。当考虑到第二种异质性时，由于无法得知调查受访者上网接触的信息种类，我们转而考察上网学习、工作和娱乐三种不同的上网目的对于成就观的影响，其背后隐含的基本假设在于个人上网学习和工作时接触到的网络信息更为正面，而上网娱乐更多地接触负面信息。结果显示，上网工作和学习的网民更肯定努力对于个人成就的作用，否定家庭关系和社会关系的作用，而上网娱乐的网民则恰恰相反，说明互联网对于个人价值观的负面冲击主要是由上网娱乐这一上网目的所带来的。

事实与启示

正如这个时代在不断顺应着互联网的发展一样，当互联网逐渐成为日常生活的一部分时，我们很难从一个独立、清晰、公正的视角来判断其对于我们微观个体本身所带来的冲击。此时从客观且具有代表性的数据出发，依赖于实验或统计方法的基础性研究便显得尤为重要。无论在探索技术与文化的关系方面，还是在考察互联网的冲击方面，我们的研究都是极为初步的。但正是该领域基础性研究的稀缺，使得这样一项初步的研究可以揭示许多以往被忽略的事实，并提供一些珍贵的启示。简单概括，有以下三点：

1. 社会功利化严重

70% 左右的民众认为家庭关系和社会关系能决定个人的成就，说明我们社会的功利化和物欲化已经到了较为严重的程度。尽管我们可以用"经济增长阶段的正常表现"这种说法作为对功利化的辩护，但一方面导致这一现象的根源性因素，例如收入分配不均等已经处于风口浪尖，亟待解决；另一方面，过度重视家庭关系、社会关系的思想观念本身对于个体而言就是一种负面激励，抑制了个体的进取心和创造力，不利于整个社会的技术进步和经济增长。中国过去 30 多年的经济增长很大程度上依赖于"性价比"极高的劳动力，他们的辛勤劳作推动中国成了"世界工厂"，而在当今人口红利已经消失、劳工成本上升的阶段，勤奋、创新这样的品质尤为珍贵。

2. 互联网管制仍然必要

中国互联网最重要的特征便是管制森严，例如禁止 Google、Facebook 等的登录和使用，引发了不少网民的抱怨，民间对于解禁网页和软件使用的呼声非常之高。从上网自由的角度出发，过于严格的管制确实缺乏人性化，但考虑到中国广大网民的受教育程度仍然较低，还未形成现代化的上网方式和观念，不具备良好的信息筛选和辨识能力，不加管制的网络信息容易导致负面情绪的传播和负面新闻的散布，激化社会矛盾，影响社会秩序。因此，互联网的监管在当前阶段仍然十分必要。

3. 提高网民素质是缓解互联网负面影响的有效途径

中国的经济发展伴随着贫富分化，同样互联网的发展也伴随着严重的"数字鸿沟"现象（即不同人群拥有和使用信息技术的差距）。这一鸿沟最直接的表现是不同人群拥有信息技术设备上的差距，但更深层次的表现是信息处理能力上的差距，后者决定了信息技术对于不同人群产生的异质性影响。我们的研究表明高学历的网民能够更好地抵制互联网的负面影响，一方面是因为高学历带来了高水平的信息辨识能力，另一方面原因则在于高学历的网民能更多地将互联网应用到学习和工作当中。因此，在"数字鸿沟"问题严重、互联网管制这一手段遭到强烈抨击的背景之下，我们应该通过提高网民群体的受教育水平，更合理地配置互联网资源，引导网民形成正确的上网动机、养成健康的上网习惯等方式来缓解互联网对于个人价值观、社会发展的负面冲击。

【经济评论】

"钱多人傻"吗？
——高价"拿铁"咖啡、消费者理性与政府管制

孟 昌[*]

我在《经济学家茶座》第63辑上发过一篇小文《星巴克高高在上的"拿铁"价格该不该管制》。文章说，只要政府不设置市场进入的行政壁垒，行业自由进出入，消费者很容易选择替代品，企业就应该享有自由定价权。比如星巴克的"拿铁"咖啡，想定多高价格是它自己的事情，因为消费者拒绝消费星巴克"拿铁"咖啡的权利没有被剥夺。消费者抱怨28元的"拿铁"咖啡太贵，可以通过手里的"货币选票"来"惩罚"他们定高价。因此，没有必要对星巴克的"高价格"实施管制。

此文前段时间被转发到一些微信公号，被不少人转发到朋友圈。有朋友跟帖说"人傻钱多者很多，还真不能完全靠市场"。认同此理的人似乎不在少数。一同学，曾学经管，现在是老板，就有此看法。他们的意思是，自愿挨宰的消费者很多，政府有责任为"傻人"的不理性消费着想。星巴克给"拿铁"咖啡定高价格即便不是有意宰客，也有消极宰客的嫌疑，政府该管还得管。我这位同学关于价格管制的理由，与央视批评星巴克宰客的理由"咖啡价格远高于物料成本"不一样。确实，花28元去喝一小杯咖啡，对那些高档写字楼里上班的人而言可能是再平常不过的事情，而在有些人眼里，却是自愿挨宰的不理性消费。

一、花28元喝杯咖啡不理性吗？

如果认为花28元喝杯咖啡是"不理性消费"，出于对消费者负责的考虑而要求政府对"拿铁"咖啡价格实施管制，至少要考虑下面几个问题。

一是，即便消费者中"傻人"的比例不小，"聪明人"依据什么判断自己"聪明"而那些付高价格的人是"不理性的傻子"呢？在"理性人"看来，"傻人"的"不理性"行为，比如有人花28元喝了一杯在你看来仅仅值14元的"拿铁"

---

[*] 作者为北京工商大学教授，经济学博士。

咖啡，是不是真的"不理性"？如果你的收入和他在一个水平，职业在一个层次，还好理解。如果他的收入是你的 2 倍，职业是比你的职业高大上的职业。你认为他花 28 元喝杯"拿铁"咖啡太傻，就不可靠了。即便他来自收入比你还低的工薪阶层，他去喝一杯 28 元的"拿铁"就一定是"傻"的行为吗？恐怕不能这么认为。除非摆在他面前的两杯咖啡及其服务是完全可以替代的东西，即对于两杯完全没有差别的咖啡，包括产地、口味、容量、服务、品牌等，你所能想到的所有差别都不存在时，明明其中一杯的价格是 14 元，而他却选择了 28 元的那杯，我们才说他是不理性的。除此之外，只要产品或服务有任何差别，我们都无法断定他选择 28 元的咖啡就是不理性的消费。一个消费者对某种产品或服务的评价，固然受客观因素影响，但不依赖于客观条件的主观评价（比如审美趣味），基于这种评价来付费，很难说这个消费者是不理性的。带孩子出去玩，给她买的瓶装水一般是 2 块钱的农夫山泉。某次，孩子突然看到一种包装特别的农夫山泉，瓶子上的图案（雪地里一只可爱的熊正在仰望挂在树上的鱼儿）和瓶盖与普通农夫山泉瓶装水差别极大，孩子说"我就要买这个"。这瓶水 4 块钱。我说："这里面的水与那个 2 块钱的水是一样的，花在这瓶水上的钱可以买 2 瓶普通包装的水。"我问她："觉得值吗？"九岁的女儿说，"很值啊！你看它多好看啊！""好看"本身就是值钱的。可见，产品的外观、包装等设计多么重要。市场上也有不少价格 30 元左右的"高端"瓶装水。这些价格看似离谱的矿泉水，跟你我没什么关系，跟政府也没啥关系。因为你喝瓶装水的自由选择权没有受到伤害，没有受到伤害的根本原因是瓶装水的行业进入是自由的。但是，如果你在高铁上只能"买"到 30 元一瓶的矿泉水，你要是不质疑、不抗议那就是你的问题了。你的货币投票权被剥夺了，而你居然不生气！

二是，如果"傻人"愿意花 28 元喝一杯在你看来只值 14 元的"拿铁"咖啡，你有没有强迫他只花 14 元喝"拿铁"咖啡的权力呢？只要他花的是自己的收入，恐怕任何人都没有强迫他人消费价格更低的产品的权力。也就是说，作为一个市场经济中的消费者，他有用自己的钱作为选票去对任何合法生产的商品或服务投票的自由和权利。除了那些需要依靠救济或者补贴生活的人，其花销明显高于他申请救助或补贴时对应的收入标准，比如申请困难补助的大学生购买苹果手机，住经济适用房（获得了暗补）的人购买高级轿车，应该受到质疑和监督外，没有人有权力迫使他人消费低价格商品，哪怕这对他确实是有益处的。

【经济评论】

三是，如果政府把"拿铁"咖啡的价格规定为14元的所谓"合理"价格，政府如何保证这个管制价格下的咖啡品质与你认为被高定为28元的那个"拿铁"的品质是一样的东西（即完全的替代品）呢？这个问题还有个问法是，如果你认为那个28元的"拿铁"咖啡服务只值14元，政府根据你的"证据与理由"规定，"拿铁"咖啡价格不得超过14元一杯。那么，问题又来了，星巴克愿不愿意以14元的价格提供这个"拿铁"咖啡呢？同样的问题是，如果政府把兰州牛肉面价格规定为不超过2.5元一碗，牛肉面馆愿不愿意以这个价格提供价格为4元时的那个品质的牛肉面呢？星巴克不愿意以14元价格提供这个咖啡，政府有没有权力强制它提供？很明显，政府并没有强制星巴克生产"拿铁"咖啡的权力，这意味着星巴克有权利拒绝以14元的价格提供这样的咖啡，你自然也就喝不到那个高高在上的星巴克"拿铁"咖啡了。好的市场经济首先是法治经济，法要保障人自由选择的权利。在很少的情况下，政府经过授权或立法程序获得限制市场行为的权力，比如某些国家可能禁止生产54°以上的烈性酒精饮料。在一些情况下，政府可通过发放许可证授予私人企业生产某些物品（如吗啡）或服务（比如城市出租车运营）的权利。但在法治国家，政府既不能天然赋有，也不能经授权程序而获得强迫私人企业生产某种产品的权力。

四是，如果他愿意喝28元的"星巴克'拿铁'"，而不愿意喝14元的品质完全一样的"兴吧客'拿铁'"咖啡，你是否认为这就是一种"傻"的消费行为呢？也就是说，你真的不认为他喝"星巴克"咖啡，是既享受了"拿铁"咖啡，也消费了"星巴克"这个更高端的品牌吗？顺着这个思路，企业的品牌、logo这些无形的东西，在市场经济中为什么是一项重要资产就很容易理解了。假若"星巴克"的品牌价值是"兴吧客"品牌价值的5倍，"星巴克"这个无形资产的价值如何获得体现呢？当然要通过它提供的产品或服务的额外收入来补偿，即星巴克咖啡店能比行业平均价格更高的价格提供"拿铁"咖啡服务，或者说，消费者愿意付出比行业平均价格更高的价格给星巴克"拿铁"咖啡。给定其他投入都相同的条件下，高出的部分就是星巴克品牌资产的收益。在经济学家看来，这也是一种"租金"收益，专业一点的术语叫市场势力，即一个企业将其产品或服务的价格定得高于成本的能力。企业的品牌、logo等资产，虽无形但有值有价，可卖、可租、可抵押，就是这个道理。央视关于星巴克"拿铁"咖啡物料成本仅4.5元的算法若准确的话，28元价格里再扣除服务员的工资、店面租金等开支，还有较高剩余的话，说明星巴克的品牌价值高，市场势力很强。中国品牌的咖啡店的市场进入越来越多，服务的品质越来越好，品牌价值越来越高的话，星巴克的市场势力自然会下降。这就是市场竞争及其好处。政府不用设置市场进入壁垒，允许进入就是对星巴克咖啡高定价的最好管制方式。

二、如果政府实施价格管制

如果上述问题根本不是问题，即政府应该为消费者的"不理性消费"行为而管制价格。那么，是否就获得了管制"拿铁"咖啡价格的充足理由呢？

首先，政府管制本身需要额外支出，也就是说由于政府要管制诸如星巴克"拿铁"咖啡、牛肉面的价格，政府的职能就会增加，政府的规模必须变大。《郑州市馒头生产销售暂行管理办法》出台后，就成立了"馒头生产管理办公室"。类似的还有"西瓜办公室"的设立，等等。政府设置"咖啡价格管制办公室"，别的姑且不说，仅考虑"'拿铁'咖啡价格管制办公室"的运作成本，即管制"拿铁"咖啡价格而社会需要支付额外的影子成本，管制"拿铁"咖啡价格就可能是不合算的事情。我们需要讨论两种情况：一是，管制的成本大于"管制带来的好处"。这种情况下，站在整个社会的角度看，管制"拿铁"咖啡价格是不合算的。二是，管制的影子成本小于管制带来的好处。从社会角度看，管制是合算的，也就是说，管制"拿铁"咖啡价格确实是个能增加社会福利的政府行为。紧接着，我们要问的问题是，由于政府管制"拿铁"咖啡的价格是执行公共政策的行为，是一项政府提供给百姓的公共服务，其影子成本即"'拿铁'咖啡价格管制办公室"设置和运作的费用，就需要靠政府征收额外的税收来补偿。如果我和我的很多朋友，都是"拿铁"咖啡的消费者乃至偏好者，而你可能因为喝咖啡影响睡眠、只喜欢喝茶，或者收入很低，不喝"拿铁"咖啡，你愿意支付一笔因为管制"拿铁"咖啡价格而分担到你身上的额外"税收"吗？

从个体理性的角度回答，你当然不愿意为那些对自己无益而对别人有好处的事情付费（请注意，在中国，在咖啡馆里喝"拿铁"咖啡并不是社会底层人的消费行为，基本上是收入不低的精英阶层的消费行为）。问题是，政府一旦决定管制"拿铁"咖啡价格，由此产生的费用必须分摊到纳税人身上。你这个从来不喝"拿铁"咖啡的人，很明显地"被强制消费了"这个公共服务。这样做公平吗？

对这个问题的回答，我们要借助公共选择经济学。就算"管制'拿铁'咖啡价格"

是政府给纳税人提供的一个"好的公共服务",它也得解决由谁来付费提供这个公共服务的问题。如果大部分纳税人从来不喝"拿铁"咖啡,政府提供这个公共服务显然缺少正当性和合理性。即便99%的人都喝"拿铁"咖啡,去"强迫"1%的不喝"拿铁"咖啡的人去为这个公共服务付费,恐怕也很难说是合理的。公共服务或者公共产品,一般仅限于普惠的或者无法直接收费的那些非竞争性的非排他性的产品或服务,至于"拿铁"咖啡,几十元一瓶的矿泉水,政府还是不要去管它的定价问题。

在私人决策的竞争性市场上,微观经济个体的分散决策,最大好处是不会出现系统性错误。一个乃至很多消费者可能"犯傻",不太可能存在所有消费者"犯傻"的情况。一个企业、很多企业可能同时决策失误,但所有企业微观决策失误的可能性很小。

如果"拿铁"咖啡高价宰客的理由成立,容易想到的极端替代办法是干脆由政府直接生产,即把咖啡馆国有化而变成国有企业,由政府直接制定所谓的"合理价格"。在竞争性的私人产品领域,政府通过国有化而直接从事生产活动,是对消费者主权、生产者权利的戕害,导致的后果往往是灾难性的。人类的经济史反复证明,这很可能是一个最坏的选择。从一个"好的理由"出发,往往走入了最坏的结局。

政府"应该管制'拿铁'咖啡价格"的理由,一般也是政府扩张而导致机构臃肿、行政效率下降的原因,还容易导致设租、寻租和腐败。经验表明,政府机构因职能不断增加而扩张,一旦成为束缚经济的绊脚石,它的"仁慈之手""扶持之手"可能会变为"掠夺之手",这个时候,纳税人想去除它,可不是件容易的事情。

经济学家茶座 | TEAHOUSE FOR ECONOMISTS

关于新结构经济学数学化的几点思考

皮建才 *

承蒙恩师林毅夫教授错爱，我于 2006 年至 2008 年跟随林老师在北京大学中国经济研究中心（现已升级为国家发展研究院）做了两年博士后。在这两年当中，林老师不管自己多忙，总是坚持每周例行带着自己指导的硕士生、博士生和博士后进行一次讨论课，讨论课主要围绕比较优势发展经济学（后来升级为新结构经济学[1]）的数学化展开。其中，我记忆最为深刻的就是探索如何通过合适的数学方法来刻画我们想要分析的经济学问题。一转眼，十年过去了，新结构经济学在数学化方面已经取得了一定的进展，其中最重要的标志就是林老师和两位合作者发表在国际一流经济学期刊《货币经济学杂志》上的论文《禀赋结构、产业动力学与经济增长》[2]。

林老师通过电子邮件把他写的《思索与前瞻》一文传给了我，这是一篇总结会上的长篇发言稿，给新结构经济学的未来发展指明了方向。读了这篇长文，我反复思索，对新结构经济学数学化"路在何方"有了几点新的思考。现在，我把这些思考整理和记录下来。虽然我的这些浅见在林老师以及长期研究新结构经济学的专家面前只能算是班门弄斧，但是我希望对那些有志于数学化新结构经济学的初学者以及想要了解新结构经济学的广大读者能起到"引玉之砖"的作用。

首先，我通过一个比方来讲一下新结构经济学数学化的第一个思路。很多人可能读过武侠小说，武侠小说里面讲练武功的时候要打好基础循序渐进，过于急功近利容易导致"走火入魔""得不偿失"，最终结果是"欲速则不达"。这就好比一个人在成长过程中先学会爬，后学会走，再学会跑，再往后又学会了骑自行车和开小汽车，依次类推，但绝不能"不会爬就想走""不会走就想跑"。新

---

* 作者为南京大学经济学院教授。

[1] 新结构经济学的核心思想主要体现在林老师写的《新结构经济学：反思经济发展与政策的理论框架》一书中，该书由北京大学出版社于 2012 年出版，2014 年又出版了增订版。

[2] 具体参见：J.Ju, J.Y.Lin, Y. Wang. *Endowment Structures, Industrial Dynamics, and Economic Growth, Journal of Monetary Economics*, 2009,76:244—263.

结构经济学中的要素禀赋结构就相当于练功里面"循序渐进"的"序",就相当于一个人成长过程中"依次类推"的"次"。当"序"和"次"不一样的时候,与"序"和"次"相适应的"技术结构""产业结构"和"金融结构"等次生结构就会不一样。[1]在这种思路的指导下,我们在进行数学化的时候要把一个国家和地区的要素禀赋结构变化的过程体现出来,这个过程需要用动态模型来刻画。这是一种比较乐观的观点,用我们传统儒家学派的经典语句来说就是,"人皆可以为尧舜"。也就是说,每个国家和地区在经济发展上都可以"拾级而上"。林老师的论文和著作最着重强调的就是这一点,因为林老师是天生的"乐观派"。就建立数学模型而言,这种思路算是比较难的,这也是林老师最期待和最想要做出来的,《货币经济学杂志》上的那篇论文就是朝着这个方向前进的一项重要阶段性成果。这种思路用到的数学是动态一般均衡模型,特别是动态最优化模型。

其次,我通过另外一个比方来讲一下新结构经济学模型化的第二个思路。武侠小说里面还讲,一个人在练习武功的时候能够达到的层次跟他的悟性有很大的关系,比如说某项武功(假设是妇孺皆知的降龙十八掌)有十个层次,有的人很容易达到代表最高境界的第十个层次,有的人最多只能达到第六个层次,最高只能达到第六个层次的人再怎么苦练也不可能达到第七个层次至第十个层次,当然,在悟性发生变化(如顿悟)以后他练功的层次还是会发生变化的。不同的人由于不同的悟性,在练功的时候能够达到不同的层次,这里的"悟性"就相当于新结构经济学中的要素禀赋结构,这里的"层次"就相当于新结构经济学中的技术结构、产业结构和金融结构等次生结构。在这种思路的指导下,我们在进行数学化的时候就要把要素禀赋结构已经给定这一点体现出来,这个过程可以通过静态模型来刻画。就建立数学模型而言,第二个思路相对第一个思路而言要容易一些。我个人认为,更多的想要在新结构经济学领域建功立业的有志者,可以从先行这个角度进行突破。这个思路用到的数学是静态一般均衡模型,特别是劳动经济学和国际贸易理论中经常用到的静态一般均衡模型。我们可以通过比较静态分析来判断要素禀赋结构发生变化会对经济系统的内生变量产生什么样的影响。

再次,我讲一下新结构经济学模型化中的交叉研究问题。林老师讲,新结构

---

[1]借鉴新制度经济学(特别是公共选择学派)的命名方法,对约束的选择属于一阶选择,约束下的选择属于二阶选择,在新结构经济学中我们可以把要素禀赋结构称为一阶结构,把技术结构、产业结构和金融结构等次生结构称为二阶结构。

经济学的雄心可以大一点，可以在阿罗－德布鲁（Arrow-Debreu）的一般均衡体系里引进要素禀赋结构和产业及其他结构，并让产业和其他结构的决定和变化内生于要素禀赋结构及其变化，使没有结构的阿罗－德布鲁体系成为这个更为一般的均衡体系的一个特例。我个人的观点是，因为阿罗－德布鲁体系理论意义强于实际意义，所以新结构经济学除了争取在纯理论（pure theory）层面有所突破，更应该争取在应用理论（applied theory）层面有更大的突破。在应用理论层面，新结构经济学的雄心还可以更大一点，可以把现有的很多经济学分支（如国际经济学、劳动经济学、金融经济学、城市经济学和制度经济学）统一到新结构经济学中来。要素禀赋结构的变化作为最基本的推动力，其他因素（如利益集团的作用）作为助推力或阻碍力。即使一个经济体由要素禀赋结构决定的最基本的推动力是具备的，如果其他因素带来的阻碍力量太强，这个经济体也很难采用最优的技术结构、产业结构和金融结构等次生结构；即使目前已经采用了相应的最优结构，后面也很难进行相应的升级。如果一个经济体由要素禀赋结构决定的最基本的推动力是不具备的，即使其他因素带来的助推力量很强，这个经济体也很难进行相应的升级，这就是林老师早年所讲的违背比较优势发展战略所蕴含的道理。只要把要素禀赋结构的变化作为根本性力量纳入到分析框架，新结构经济学就可以在考虑其他因素的情况下，跟其他经济学分支进行交叉研究。新结构经济学跟经济学其他分支不是相互替代，而是相互补充，这样说更容易让大家（特别是匿名审稿专家）接受，更容易让新结构经济学的相关成果在国际期刊上发表出来。一旦考虑到了新结构经济学的视角，现有很多理论的结论可能就会发生改变，这些都可以构成新结构经济学的贡献。所以，从这个角度来看，新结构经济学拥有非常广阔的研究前景。

最后，我讲一下新结构经济学模型化中的开放性框架问题。新结构经济学从现象和问题出发，在研究的动机（motivation）上具有先天的优势。经常发表经济学论文的人都知道，好的问题是论文成功的一半。新结构经济学的优势是可以为大家提供好的问题，新结构经济学的难点是数学化。数学化难在假设和公式的构建。林老师讲，我们在做模型的时候，有特殊的假设也没有关系。林老师说，《货币经济学杂志》上的那篇论文在模型上也做了很多特定的假设，但是它却表达出了新结构经济学最核心的思想，因此，在建立模型的时候不要怕假设的特殊性，关键是要把自己想要描述的机制表达清楚。目前新结构经济学最需要的是建立一个开放性的数学框架，不同的问题可以在开放性框架的基础上往下做。我们阅读

【财经阅读】

达龙·阿塞莫格鲁（Daron Acemoglu）和其合作者的理论性论文时可以发现，他有很多论文的前几个公式都长得很像，后面的公式才开始出现根本性差异，这就说明他开发的数学框架是开放性的，可以处理不同的问题，可以把抽象出来的不同关键变量放到基本框架里面，这是他和他的团队能够在顶级期刊不断发表高质量论文的重要原因之一。《货币经济学杂志》上的那篇论文能不能成为一个开放性的框架，还有待大家在此基础上的不断努力和时间的检验。我相信，如果有了一个甚至是若干个开放性的数学框架，新结构经济学完全可以在国际重要学术期刊上持续发表高水平论文，从而会吸引更多的人来从事新结构经济学研究。

总之，我个人觉得新结构经济学的数学化需要重视"两个思路一个交叉一个开放"。想要在新结构经济学数学化方面有所作为的有志者，需要充分利用自己在数学方面的"发散知识"，结合自身的研究专长，探索具体的作用机制，所谓"八仙过海，各显神通"。在这个过程中，有志向的探索者要充分利用好北京大学新结构经济学研究中心（Center for New Structural Economics at Peking University）这个学术交流平台，在新结构经济学的宝藏中能挖到大金矿的就挖大金矿，能挖到小金矿的就挖小金矿，但不要再像林老师以前经常批评的那样"坐在金矿上挖煤矿"。我相信新结构经济学一定能在数学化上取得更大的突破，同时我也对新结构经济学的未来发展充满无限期待。

新结构经济学中"有为政府"的改革含义

王 勇*

从中国改革开放前的制度与经济的起点来看，引入地方政府之间的竞争机制客观上推动了当时的经济市场化改革。地方政府意识到如果不提供足够的公共服务与公共设施，不改善市场环境，就无法吸引到投资，就不会有经济发展与增长。在法律制度与执行监督等尚不独立不完善的时期，在对政府的民主监督的政治机制尚不成熟的时期，地方政府面对这种政治及经济的竞争压力所采取的措施有利于约束政府的不利于经济增长的"乱为"，有利于惩罚地方政府不思进取混日子的"无为"。

在我看来，时至今日，地方政府可控的市场化改革大部分已经完成，剩下的重大改革则基本都是需要中央政府主导的全国一体化的改革，包括土地、劳动力、人力资本（教育与医疗健康）、金融资本这些要素市场的改革。所以，我们需要进一步认真讨论什么是更加有利于中国进一步市场化改革的中央与地方政府的目标函数，讨论和改革开放前36年相比是否应该进行调整以及如何调整才是最好的和最可行的。

在中国的政治体制下，市场化改革必须要考虑到各级政府的激励机制，而改革本身也需要上级政府是"有为政府"，需要关键领导人有魄力，有担当。不解决政府对市场化改革的激励相融问题，回避政府问题，那都是掩耳盗铃。

谈到制度改革的动力，我不禁想起在芝加哥大学读博士期间，我的二年级论文写的就是一个直接刻画内生的"倒逼式"改革机制的经济增长的理论模型，指导老师是诺贝尔奖得主卢卡斯。该文题为《一个次第进行的改革与收敛的理论模型：基于中国的案例》（*A Model of Successive Reforms and Convergence: The Case of China*），后作为当期首篇论文发表于2015年某期的《中国经济评论》（*China Economic Review*）上。我估计大概并没有多少人会注意到这篇论文，但它却是

* 作者为北京大学新结构经济学研究中心副主任。

我自己最喜欢的文章之一。对于中国这样的转型中的发展中国家来说，最为重要的是如何保证释放生产力的那一系列制度改革的动力能够继续足够强地存在。带来将近38年高增长的制度改革的"倒逼机制"在当下的中国是否已经失效了呢？

过去的半年，在中国的学术界，围绕着林毅夫教授所提出的"有为政府"的概念出现了非常多的辩论与讨论。为了澄清大家对于新结构经济学中的"有为政府"的特定含义的误解，我曾在《财新》网上专文撰写《什么是新结构经济学中的"有为政府"》。这里我要再次重申一下我的看法，市场化的经济改革的具体执行，不管你喜不喜欢，也得依靠各级政府去具体操办，而不是希望他们怠政不作为。我们现在经常听到不少人呼吁要求"政府最好什么都别干"，这里指的"都别干"其实指的是"将政府原来的错误的干预之手缩回来"，而不是将手放在原处一动不动。我将这个政治上很艰难的"缩手"过程也理解为新结构经济学中"有为政府"的两个内涵中的第一个内涵。但是，从某微信群的讨论中可以看出，显然许小年教授并不认同我的这个看法，他认为政府的这种纠错的"缩手"就是"无为"，不是"有为"，他将政府的错误干预之手一动不动依旧放在干预之处这个做法归结为"政府有为"，但在我的理解中，这属于政府"不作为""怠政"等。也就是说，有为与否，我们的参照系不同。我以已经存在的体制作为初始参照点，许小年老师以理想中的政府完全不干预的状态作为初始参照点。

对于新结构经济学中的"有为政府"的英语翻译，我们统一采用 facilitating state（government）。既然政府的角色是"因势利导"，所以"有为政府"的含义就不仅包括伸出手去纠正市场失灵，也包括将错误捣乱之手缩回来。目的是相同的，都是希望市场变得更加有效，资源的配置变得更加合理、公平。关于"有为政府"的经济学合理性，在抽象层次上讨论到这个阶段，其实可以告一段落了。接下来更需要做的是，如何具体地结合非常实际的问题，分析与讨论政府究竟该怎么办。这一问题还需考虑和对比其他国家的类似问题，包括发达国家在早期对应发展阶段所面临的类似问题。需要有正式的学术论文来专业化探讨，而这正是新结构经济学研究中心所要重点去努力的。

润物细无声
——听熊秉元教授讲授法律经济学

王玉霞*

台湾大学的熊秉元教授一直是我非常仰慕的经济学家，2002年左右社会科学文献出版社出版了熊秉元教授的系列经济学散文集——《寻找心中那把尺》《灯塔的故事》《大家都站着》等，读熊教授的经济学散文，有如沐春风的感受。他徐徐道来，没有激情澎湃，没有刀光剑影，却能润物细无声地走进你的心灵。例如，在《寻找心中那把尺》一文中，他分析了台湾一所大学，宿舍分配委员会将原来"夫妻合并计点"改为单人计点，也就是原来的规定，夫妻双方在一个学校工作，以点数多的为主，另一方服务满2年后点数打个4折，夫妻加在一起合计参与获取宿舍的竞争。委员会认为，合并计点的制度，可能让一对年轻进校不久就领先在学校工作10余年的同事获得了住房，这并不合理。熊教授问道，夫妻分开计点是不是慢慢熬出来可以分到两栋宿舍呢？宿舍分配委员会的构成，是一个学院选一个代表，任期1年。他们有权修改影响老师权益的根本大法吗？若委员会成员都是夫妻档，众志成城地将"1.4"改成"2.0"怎么办？学校更多见的是非夫妻档，若用更民主的公民投票，多数人剥夺少数人怎么办？这样的结果好吗？程序恰当吗？最后熊教授总结，处理公众事物的复杂性，在于没有一把客观的、绝对的尺，可以拿出来一比画就一清二楚。就是有，谁在保管这把尺、尺上的刻度怎么决定，都是很大的问题。熊教授就是这样寥寥几百个字，诱导着我们思考所谓"人民利益""社会利益""民主进程""社会公平"等耳熟能详的概念，其实在操作层面上有诸多的困难。

给我印象更深的是，15年前在《经济学消息报》上，熊教授发表了一篇文章，关于老师给学生写推荐信是否应该收费的问题。澳大利亚莫纳什大学教授黄有光马上在《经济学消息报》上发表了商榷的文章，他称熊秉元教授为"熊大侠"，认为给学生写推荐信不应该再收费，因为教授的薪酬中已经包括了。接下来张五

---

* 作者为东北财经大学经济学院教授。

常教授撰文，称"熊大侠"的应该收费，和"黄巨侠"的不应该收费都不准确。合理的做法是值得写的学生，教授就写得比较用心，不值得写的学生，教授就写得比较马虎，用非收费的办法区别两种状况。三位侠客都是武林高手，分别来自台湾大学、香港大学和海外。《经济学消息报》连续几期刊载三位大侠的文章，风云变幻，精彩纷呈。这样的文坛盛况如今已不复存在了。

非常幸运的是，当时我和黄有光教授、张五常教授都有比较深入的接触，并由我出面分别邀请了两位大侠到东北财经大学讲学。黄巨侠和张飞天侠带来的校园冲击波令人难忘。张五常教授和黄有光教授均有鲜明的大侠气质，15年前我看到的两位大侠正当盛年，张教授是手起刀落、直指要害、快意恩仇，黄教授则是个性鲜明、不落俗套、率真快乐。一个要把经济学全部重写，一个是政府只要开征汽油税就喝酒庆贺。那份纵横天下、无拘无束的侠客风范与大陆经济学家迥然相异。非常遗憾的是，三侠之中的熊秉元大侠我一直无缘相识，在熊秉元教授的字里行间我读到的是"雅"，而不是"侠"。我开始怀疑"熊大侠"这个称号的出处，当然我不知道有没有"儒侠"这个说法。

今年7月8日，东北财经大学在滨城大连召开高端经济学研讨会，听说可以邀请到已经被浙江大学以"千人计划"引进的熊秉元教授参会，我就非常期待。当我打电话邀请复旦大学的韦森教授和中山大学的王则柯教授来参加会议时，得知台湾大学熊秉元教授能够参加会议，两位教授也非常高兴。韦森教授说，一直没有和熊秉元教授见过面，期待与他探讨问题。

熊大侠如期到会，人如其文，平静如水，风度翩翩。大会发言不用PPT，一支笔在白板上简单写写，清晰、准确、温和地将他的主题"法律经济学的前沿问题"讲述完毕。在研讨会上他很少讲话，默默地听着，席间饭后一支烟斗在手，沉稳谦和。王则柯教授在会上提到熊秉元教授曾给他的学生回信，抬头结尾非常礼貌、耐心。熊教授回答，那是标准的书信格式。会议结束后第2天得知熊秉元教授要为东北财经大学青年教师骨干培训班讲课，尽管我早已超过了35岁，还是意犹未尽地走进了熊教授的讲堂。

熊教授早早来到教室，不用任何现代化教学设备，在黑板的一边用英文写下了本次讲授法律经济学的四个准则：其一是先了解社会，再了解法律；其二是让证据说话；其三是法律不是解决公平，而是解决价值的冲突；其四是除弊改为兴利。在黑板的另一边写下本次讲授用到的案例的名字，例如美女与野兽、性、果实、生命等简单的名词。中间留下大部分黑板空白供讲课时使用。熊教授走上讲台，依旧是平和、儒雅、亲和力非常强。在介绍完自己和简单阐述上述四个原则后，他讲道："目前法律的现状是法律工作者经常是知其然，不知其所以然，而案例分析要回答两个问题，你的判断是什么？为什么？经济学在回答被法律工作者忽略的'为什么'问题有自己的优势。"接下来熊教授就开始了他的案例分析。在美女与野兽的案例分析中，熊教授先交代了故事的背景。苏联解体后一个马戏团到台湾演出，用一个笼子装了一只老虎，而且贴上了危险的告示，走到十字路口红灯亮了，在停车的瞬间一位过路的38岁的美女用手去摸这个可爱的老虎，结果被老虎咬伤。美女诉讼到法院，熊教授问大家："法院应该怎么判？为什么？"接下来熊教授组织了很好的课堂讨论，有的老师认为马戏团应该负100%的责任，有的老师认为马戏团应该负50%的责任，有的老师认为马戏团不应该负责任。在每个人回答后，熊老师都问一句"为什么"。有人说道，要考虑运输一方的责任。熊老师的回答是运输者和马戏团看作一方，美女看作另一方。熊老师在黑板上把大家的讨论总结为四个答案，马戏团100%责任、大于50%、小于50%和不负责任，尔后让所有的老师表决。结果是选择大于50%责任的人最多。熊老师感慨，法律工作者的选择往往是小于50%，因为他们认为美女已经38岁了，应该知道危险所在，而且马戏团已经贴上了危险的告示。熊教授接下来讲了法律的两个准则，一是不能把极端的危险带到普通人的生活中，二是最小防范成本。老虎伤人事件中有四个时间点：装笼、路过路口、伤人、打官司。在装笼时，若考虑到老虎可能伤人，轻易就可以防范了，而危险有两种，一种是模糊危险，一种为精确危险。女性也有责任，她应该知道老虎可能伤人，最后的判决是马戏团负85%—95%的责任。熊教授这第一个案例分析，就将课堂气氛带动起来。每当有人发表意见，熊教授都给予"有趣""重要"等类似的鼓励。

在体现先了解社会，再了解法律的原则时，熊教授用了一个性骚扰的案例。上级对下级的性骚扰有两种情况，一种是对直接下属的骚扰，另一种是对另一个部门下属的骚扰。熊教授问，"法律在判决两类性骚扰案件时，哪一类应该重罚，为什么？"在一番讨论后，熊教授总结道，同部门判的重些是因为同部门下属防范性骚扰的成本高，居于上级的加害方可以轻易用谈工作的缘由让下属很难拒绝。熊教授转述了一个法律界泰斗的名言：法律是一个点，真实世界是线，是面，是立体。因此，法律工作者要先了解社会再了解法律，靠生活经验去践行最小防范成本的原则。

在让证据说话的案例中，熊教授问道，到钱塘江观潮的过程中，经常有人被潮水卷走。那么被潮水卷走的人中当地人居多还是外地人居多？在讨论过程中，多数人认为是外地人居多。也有一位老师认为是当地人居多，理由是淹死的都是会水的，当地人自认为熟悉地形，而潮水有不确定性，因此死的当地人居多。熊教授讲，让证据说话，相关资料的统计告诉我们观潮过程中不幸去世的人，外地人居多。原因是潮水的风险对当地人是"精确的风险"，而对外地人是"模糊的风险"，后者的危害重于前者。

在法律不是解决公平，而是解决价值冲突的案例分析中，熊教授给出的案例是目前非常热门的"同命同价"问题。他问道，在一场车祸中同时死去的两个人，是不是应该获得一样的赔偿？这次讨论中年轻老师的回答多数都是应该一样的赔偿，为什么？回答是生命具有同样的价值。熊教授问道，谁告诉你生命具有同样的价值？住在市中心的小孩得病和住在郊区的小孩得病，获得的救助是不一样的。不要从道德的视角分析问题，要从社会整体角度去思考。假如被撞的一个是民工，月收入2000元，另一个是律师，月收入30000元，如果同命同价，按哪个赔？按30000赔，一是赔不起，二是民工家庭一下子就发达了。按2000元赔，律师的家庭一下子就陷入了困境，生活难以为继。一般的做法是考虑受害人的预期收入，或在保持原来效用不变的前提下按当地平均工资计算到65岁。同命同价是一种价值观，而法律需要平衡不同的价值观，要以对社会震动最小为标准。

在除弊改为兴利的案例中，熊教授讲了我们熟知的故事。一个人从纽约到喜马拉雅山摄影后回到美国，到一家冲洗店洗照片，结果冲洗店将底片冲坏了。这个人状告冲洗店要求赔偿去喜马拉雅山的直接成本5万美金，而冲洗店收取的费用仅100美元，显然不愿支付这5万元的赔偿。此时，熊教授提出了问题后，有"向前看"和"向后看"两种做法。具体来说，"向后看"是利益的分割，即"分饼"，而"向前看"是把利益做大，即"把饼做大"。处理过去，是为了着眼未来，所以要考虑激励问题。如果赔偿5万美元，冲洗店立刻倒闭。而最终法律判决是赔偿200美元，冲洗店可以继续经营，而摄影家仅获得200美元的赔偿会更加小心，以后会选择更有保障的冲洗店。由摄影者承担防范风险的责任也符合成本最小化原则。进而熊教授讲，我国优步车和支付宝的出现，造成的纠纷都可以从兴利好于除弊的角度去思考。

我认为最有趣的案例是熊教授给出的相邻两家，其中一家果树越过墙头，果实掉到邻居的家里，这时果实的产权归属问题。讨论中有些年轻老师认为私有财产不可侵犯，因此果实的归属应该是归果树所有者。熊教授让大家举手表决，我投了果实归邻居所有。熊教授总结说财产权固然重要，其他价值也重要。如果落到我院子的果实归果树所有者所有，它会经常地到我院子来打扰我的生活，我的隐私权不比财产权轻。接着他又延伸到如果楼上房客晒衣服，落到楼下的院落，一次可以来捡，两次也可以，三次以上楼下的主人可以直接把衣服撕成抹布，因为根据最小防范成本原则，楼上的人只要搞个夹子就可以避免掉衣服的脱落。有个学法律的人曾经不同意这个说法，他说："如果我的妻子走错门了，那怎么办？"熊教授回答，"你怎么知道你妻子是走错了门？"课堂内一片笑声。在轻松、愉悦、新奇、有趣的讲授中3个小时很快就过去了。走出教室，熊教授对我说，他想和青年教师展示一下如何掌控课堂。是的，我也是东北财经大学首届教学名师之一，在课堂上纵横30年，有一定的掌控课堂的经验，但是我还是由衷地钦佩熊教授举重若轻，润物细无声的台风。

浙江大学真是划算，引进一位杰出经济学家之外，还引进了同样杰出的经济学教师。熊教授称自己是信差，是经济学思想的传播者，是体育老师，专门训练学生脑力运动。听了熊教授半天的讲授，我感到熊教授实至名归，在我们的课堂上和学术界，太多的慷慨激昂、拍案而起、铁肩道义、信仰情怀，这使我们丢失了从容和平和。美国经济学家曼昆在《经济学原理》一书中，将经济学家定义为科学家，而不是决策者。经济学家研究的是"是什么""为什么"，他们的使命是认识世界，揭示规律。"热切的心情，冷静的头脑"告诉我们应该尽量抑制热切的心情，开动冷静的头脑，不要带情感色彩，尽量排除意识形态的干扰，客观、冷静、理性地分析是经济学者的职责。在如今浮躁喧嚣的经济学界，经常有人语不惊人死不休，轻易就给出北京市房价应该80万一平方米的结论，或者不等明白别人说什么就拿起棍子乱打。在这样的环境下，熊教授的风范更显得难能可贵。听熊教授的发言及讲座，一句"有理不在声高"的俗语始终萦绕在我的脑海。在我们的意识形态教育中，有太多的横眉冷对、博学济世、仗义执言、笑傲江湖等色彩的渲染。什么时候我们也能平心静气、不带偏见地进行经济学研究及传播工作，科学与理性就可以在祖国大地上开花结果了。

为此，我感谢熊秉元教授。

【经济学人】

我见到的青木昌彦教授

欧阳峣 *

我曾经计划邀请青木昌彦教授出席湖南师范大学主办的 2016 年大国经济学术论坛，然而，这位受人尊敬的学者却于 2015 年 7 月在美国病逝，转眼之间快一年了，回想起来心情依然沉重。青木昌彦教授是在国际学术界享有盛名的经济学家，也是中国学者的好朋友。2012 年 2 月至 7 月，我在斯坦福大学经济政策研究所做高级研究学者的时候，曾多次拜访青木昌彦教授，向他请教经济学问题，讨论中国经济改革和发展的路径，并从中受到有益的启迪。

一、初次见面印象

青木昌彦（Aoki Masahiko）教授是国际著名的经济学家，斯坦福大学经济系教授，国际经济学会（IEA）主席，瑞典皇家工程科学院外籍院士，荣获过国际熊彼特学会颁布的"熊彼特奖"。

2010 年，我获得国家留学基金委的资助，准备去美国的高水平大学做高级研究学者。我首先想到的就是斯坦福大学的经济政策研究所，因为著名的华裔经济学家刘遵义教授曾经是前任所长，青木昌彦教授也是这里的研究员。我同斯坦福大学的学者没有接触，于是请求北京大学原党委书记、斯坦福大学的杰出校友闵维方教授写了推荐信，通过邮件发给青木昌彦教授，希望他做我的合作导师。青木昌彦教授很快地回信告诉我，他已经退休，不能再邀请研究学者，但是他可以向经济政策研究所的国际发展中心推荐我，因为这个中心的主任尼克·霍普（Nicholas C.Hope）博士非常关注中国问题的研究。通过青木昌彦教授的引荐，尼克·霍普博士很快地给我发来了邀请函。

2012 年春天，我来到斯坦福大学经济政策研究所，见过尼克·霍普博士之后，

---

* 作者为湖南师范大学副校长，教授。

最想拜访青木昌彦教授，我给他发了邮件。他对我的到来表示欢迎，但当时他正在日本，5月中旬才能回到美国。直到5月22日，我收到了青木昌彦教授的邮件，说他已被东亚研究所聘为研究员。东亚研究所就在经济政策研究所右边的那栋大楼，下午3点，我同斯坦福大学医学院的王京研究员来到了青木昌彦教授的办公室。由于东亚研究所聘请他做首席研究员，给他安排了一间最好的办公室，位于三楼的东边，坐在办公室可以眺望校园里的美丽风景。虽然是在美国，但青木昌彦教授办公室的摆设仍然保持着东方人的特点，整齐地放着书架、书桌和几张椅子。寒暄之后，我将新作《大国综合优势》赠送给青木昌彦教授，他将新作《我的履历书：人生中的"越境博弈"》赠送给我，并用汉字写上"欧阳峣先生惠存"。他是用左手写的字，所以特别做了说明：以前长期使用电动式打印机输入书稿而患上书写痉挛，右手无法用钢笔写字，只能用左手书写。随后，他谈到自己的一些中国学者朋友，称赞吴敬琏教授是很有思想的经济学家，吴教授的政策建议推动了中国市场化改革的进程；钱颖一教授是非常出色的经济学家，曾经是他在斯坦福大学经济系开展比较制度研究的合作者。

初次见到青木昌彦教授，就被他热情友好的谈吐所感染。后来，阅读了他赠送的《我的履历书：人生中的"越境博弈"》，在脑海里形成了对青木昌彦教授的良好印象：他是乐于助人的长者，对我这样不曾相识的学者也主动向斯坦福大学的同事推荐，具有宽阔的胸怀和长者风范；他是友善待人的仁者，对中国的改革和发展寄予善良的期望，对西方和东方的学者同样友善，其仁爱之心超越国界；他是追求真理的智者，一生中连续进行七项"知识创业"，特别是在比较制度分析领域做出了卓越的贡献。这种风范使他这个来自东方的学者被选为国际经济学会主席，曾经被预测为"最有希望获得诺贝尔经济学奖的日本人"。

二、朋友聚会话题

斯坦福大学的教师通常都是在学校吃午餐，所以大家有许多见面的机会，我几次在新图书馆附近的学生食堂遇到青木昌彦教授。经济政策研究所的约翰·肖文所长，每周三中午安排校内的经济学教师和访问学者用餐，我们经常在 JOHNA& CYNTHIA RIY GUNN 楼的一楼餐厅碰到青木昌彦教授。此外，我们还同时应邀参加了两次朋友聚会。第一次是东亚研究所的罗斯高（Scott Rozelle）

教授邀请的，在斯坦福附近的中国餐厅——湖南园聚会，青木昌彦教授、尼可·霍普主任参加；第二次是国际发展中心的尼可·霍普主任邀请的，在斯坦福大学的教师活动中心，青木昌彦教授和几位中国学者参加。

在美国的学者聚会，一般是个人先简单地介绍自己的情况，然后再提出一些话题进行自由讨论。我们同青木昌彦教授交谈的话题，一种是关于东西方文化交流的问题，另一种是关于他在国际经济学界的贡献问题。

青木昌彦教授的一生，经常在世界的东方和西方奔波。正如他自己总结的：每年有"一半时间在美国，将近一半时间在日本，余下大约一个月时间去中国或者欧洲"。1962年从日本东京大学毕业后，他来到美国明尼苏达大学攻读经济学博士学位；1967年毕业并前往斯坦福大学担任助理教授，一年后又来到哈佛大学任职；1969年回到日本担任京都大学的副教授；1970年重新来到哈佛大学；1972年再次回到京都大学；1979年，来到哈佛大学完成"富布赖特项目"的交换教授，一年之后仍然回到京都；1989年，他来到阔别16年的斯坦福大学担任教授，虽然长期在这里任教，但其中还经历了回日本建立"斯坦福日本中心"（STC）以及就任日本通商产业研究所所长（1997）的几年时间。青木昌彦教授深深地体会到，在文化上"跨越国境"并不是那么轻而易举的事情。"就我自身来讲，虽然用英文撰写专业论文基本没什么困难，但是在日常会话中，无论是用英语还是用日语，有时会突然因为'意思的明白'或'语法不正确'而结结巴巴。"我曾经学过日语和英语，所以在同青木昌彦教授谈话的时候，首先就会遇到使用英语还是使用日语的纠结。正如心理学家荣格所说，在不同文化的夹缝中对两种文化进行综合性的理解，将伴随着精神上的痛苦。青木昌彦教授在体验两种文化时也有一种潜意识的纠葛。"如果能做到否定国外经验而一味赞美祖国，或者与此相反，崇媚外国而单纯议论本国的缺点，也许会轻松一点，但没人能做得到。"

青木昌彦教授关注的重点，第一是日本和美国，第二是中国和欧洲，他不仅经常在这些国家参加学术会议，而且认真观察和研究这些国家的经济发展和制度变迁。青木昌彦教授早在1976年就访问过中国，那年秋天他参加中日农业农民友好协会的考察，到了中国山西的大寨。20世纪90年代以后，他经常到中国开展学术活动和政策咨询，曾经3次同朱镕基总理会面。2003年他被清华大学经济与管理学院聘为外籍客座教授，2007年他回丰田汽车公司促成清华大学产业发展与环境治理中心的成立，他同吴敬琏教授被聘为"学术委员会的联席主席"。青木昌彦教授直率地说，他同中国的关系，并非出于对"中国友好"的关心，而是，"与那些可以毫无保留地和我探讨共同关注的知识、思想以及政策等方面话题的形形色色的中国人的相遇，也的确促成了我和他们之间牢固的友好关系"。

谈到青木昌彦教授的经济学贡献，他坦然地提到比较制度分析领域。而且认为，他那种频繁地在东方和西方之间"跨越国境"的生活经历，以及在日本和美国各占一半的工作经历，有益于增加他对社会制度的直观感受，以及在此基础上的理性认识。他在研究生学习期间就开始涉足比较制度分析领域，主要就是将经济制度、政治制度、社会文化作为一个整体进行深入研究，对这些多样性的制度模式进行比较分析。1990年，他在斯坦福大学设置了"比较制度分析"的博士研究生方向，并且在这个领域聚集了一批高水平学者，如保罗·米格罗姆、阿弗纳·格雷夫和钱颖一等，都在比较制度研究中做出了贡献。他在斯坦福大学的研究形成了重要的学术影响，著名的制度经济学家道格拉斯·诺斯教授也经常从华盛顿大学来到斯坦福大学参加研究班的讨论。他用5年时间专心撰写的学术著作《比较制度分析》，是比较制度分析理论的集大成之作。1998年，凭该书的底稿获得了国际熊彼特学会颁发的"熊彼特奖"；2001年，这部著作以英文、日文、中文三种语言在美国麻省理工学院出版社、日本NTT出版社和中国上海远东出版社出版，形成了重要的国际影响。

三、学术问题讨论

前几年，我曾经主持欧盟基金项目"湖南中小企业公司治理及其与欧盟企业的对接"，主编和出版了"中国—欧盟中小企业公司治理丛书"。在项目研究过程中，学习和借鉴了青木昌彦教授的思想，阅读了《比较制度分析》《企业的合作博弈理论》等著作。来到斯坦福大学之后，可以同青木昌彦教授当面探讨这些问题，所以寻求机会向他请教比较制度和公司治理的相关问题。

青木昌彦教授在研究公司治理的过程中，认真地思考了经营者在维持股东和雇员双方利益均衡的情况下进行经营管理的企业博弈模型。他通过对东西方企业进行比较，认为英美模式的企业奉行股东主导的单一原则，由经营者统一管理雇员，在企业结构上贯彻所谓的"父性原则"；而日本企业经营者的职能是保持公司雇员与投资者之间的利益均衡，其作用更重在协调，发挥自身的能动性不够。我肯定青木昌彦教授的分析是有依据和有意义的，但我认为企业的发展模式不仅是东西方的差别，而且是受到经济发展阶段和企业成熟程度的影响。然而，我非常赞成青木昌彦教授提出的一个观点，那就是东西方企业模式并不存在绝对的谁优谁劣的问题，企业竞争力形成的关键在于技术进步和市场环境的影响。我反复强调，中国的企业采取不同模式有优有劣，而目前多数中国企业竞争力不强的原因，主要在于缺乏科技创新能力和良好的市场环境。

青木昌彦教授研究了原计划经济国家企业的转轨问题，发现在俄罗斯、东德和中国的计划经济向市场经济转轨过程中，如果国有企业民营化不够谨慎，将导致经营者侵占国有资产，出现"内部人控制"的危险性，提出这个问题是青木昌彦教授的贡献，在国际上产生了重要影响。我向青木教授介绍了中国的情况，20世纪90年代初期和中期，中国在国有企业改革过程中遇到了这种情况，有的国有企业负责人制定的改革方案，出现了有意低估国有资产价格，低价出售和转让国有企业资产的情况。到20世纪90年代末期以后，中国政府高度重视这个问题，而且加强了防止腐败的措施，使"内部人控制"现象得到了有效的遏制。

我曾经拜读过青木昌彦教授在《经济社会体制比较》杂志上刊登的一篇文章，标题为《硅谷模式的信息与治理结构》，他认为硅谷模式中创业投资者真正的独特作用就在于信息协调以及在公司治理结构上的功能，因而集中地分析了硅谷模式解决信息处理上的竞争和信息的广泛共享这对矛盾的途径，即产品设计所需要的工程信息是互相保密的，而产品的标准化界面信息是可以共享的。他还批评了那种认为"越是高科技越是要政府来管，因为市场会失灵"的观点，强调政府的责任就是调动和保护创业者的积极性。我从青木昌彦教授的论文中受到启发，认为硅谷模式是一种创新型企业的治理模式，它超越了传统的英美企业模式和东方企业模式，表明现代企业模式的演进中出现了一体化的趋势。中国在经济转型发展的过程中，特别需要培植这样的创新型企业，而且政府的职责应该从审批项目转变到为企业发展营造良好的市场环境上来，唯有这样，中国才有可能进入成熟的市场经济社会。青木昌彦教授对公司治理结构的研究经历了一个深化的过程，随着科技的进步而不断升华，通过现代创新型企业的硅谷模式而进入到东西方一体化的状态。我深深地感觉到，同经济学大师谈学术问题的确是一种享受，青木昌彦教授是一位杰出的经济学家，而且他融通东西方文化，从而提出的思想观点更加符合全面性和科学性的要求。

放松管制之父
——卡恩的生平和事迹

周 勤* 朱光伟*

现在大家都在谈供给侧改革,供给侧改革之核心就是放松管制,我们来看看当年放松管制鼻祖——阿弗罗德·E·卡恩的事迹,也许对我们有一定的启示。

一

提起管制经济学,人们自然会想到 1982 年获得诺贝尔经济学奖的美国著名经济学家乔治·斯蒂格勒(George J. Stigler),和 20 世纪 90 年代以来因新管制经济学(new regulatory economics)而声名鹊起的法国经济学家让-雅格·拉丰(Jean-Jacques Laffont)。而管制经济学的奠基人和集大成者阿弗罗德·E·卡恩(Alfred E. Kahn)的名字却似乎鲜为人知。

卡恩作为美国最有影响的经济学家之一,他的职业生涯更具有传奇性色彩。首先是卡恩对现代管制经济学理论做出了开创性贡献,因为管制理论自 20 世纪 70 年代初期开始发生了根本的变化。正如西方学者所说:"过去研究管制的学者主要关心的是在考虑经济效率条件下各种经济政策的调节效果,而现在转向解释管制行为的本质这类更广泛的工作。"(Sherman,1989)从那时起,产生了一系列管制经济学的经典著作和论文。特别是卡恩的经典教科书《管制经济学》(Kahn,1970)的出版使这一领域的研究转入全新的轨道,管制经济学成为经济理论研究的专门领域,构建了较为完善的理论体系。后经施蒂格勒《经济管制论》(1971)配尔兹曼《走向更一般的管制理论》(1976),鲍莫尔和奥茨《环境政策理论:外部性、公共部门、支出与生活质量》(1975),植草益《微观规制经济学》(1990),托里森《管制与利益集团》(1991)等论著分别从公共事业、自然垄断行业、环境保护等方面论述了经济性管制的产生的依据、管制的法规和管制决策过程、政

---

* 作者周勤为东南大学经济管理学院教授;朱光伟暂居南京。

府管制的后果、管制的中间机构的作用等，构成了现代经济管制理论的基本框架，确定西方管制经济学的学科理论基础和体系。新管制经济学是在其基础上引入了一些新的变量和分析工具，其理论构架依然是沿用卡恩的框架。

其次，卡恩将现代管制经济学的理论应用在具体的实践方面，在美国的经济学界也是出类拔萃的。在政府管制和放松管制理论实践上，他毕生投身于这一领域的具体实践中，对促成美国政府及各州对航空、电讯、运输、有线电视和电力等产业的放松管制，以及这些产业的发展做出了卓越的贡献，因而被誉为"放松管制之父"。例如，他在担任美国民用航空委员会主席期间，竟然积极倡议并最终解散了这个委员会。

卡恩在管制经济学领域的理论和实践贡献是有目共睹的，赢得了广泛的关注和认可。西北大学、麻省理工学院等著名学府分别授予他荣誉法律博士，纽约州立大学也授予了他荣誉。由于对运输业的突出贡献，他被运输委员会论坛授予杰出运输研究奖，1986年他被Syracuse大学授予哈瑞·塞尔兹伯格荣誉奖（Harry E. Salzberg Honorary Medallion）。1995年耶鲁大学为褒奖他在公用事业等领域的卓越成就而授予他韦伯·克劳斯奖（Wilbur Cross Medal）。1997年为表彰他对航空业的贡献，他被授予庇古奖（L. Welch Pogue Award），两年以后美国经济学协会布鲁金斯研究中心（AEI-Brookings Joint Center）又由于其对管制经济学的巨大贡献，授予他罗德斯·福斯特奖（J. Rhoads Foster Award）。

卡恩分别于1977年和1999年被推选为美国艺术与科学研究院院士和美国科学院院士。在1981至1982年间，他还担任美国经济联合会副会长。卡特政府期间，他担任总统经济顾问和工资与价格稳定委员会主席等职。

二

卡恩生于1917年，分别于1936年和1937年在纽约大学获得经济学学士学位和硕士学位，1942年获得耶鲁大学经济学博士学位。

在20世纪70年代以前，卡恩的研究主要侧重于反垄断法、专利和自然资源等方面。40年代初，因在《美国经济评论》上发表剖析美国"专利法"的重要缺陷的文章而声名大噪，以后又在这一刊物中提出了自己的政策建议。50年代以后，他转向"反垄断法"的研究，研究涉及化工、原油、天然气、石油化工和电讯等诸多自然垄断行业，内容包括价格歧视、价格领导、产业一体化和分解、卡特尔组织与行为、反垄断的标准和对谢尔曼法和卡尔顿法的修正意见等。他在这一领域几乎所有重要方面都提出了自己的观点，特别是他提出的反托拉斯哲学为其后来的研究奠定了基础。在此期间，卡恩在美国一流刊物上发表40多篇文章，其中11篇发表于《美国经济评论》。

卡恩是一位非常多产的经济学家，但是在他近十本的专著和上百篇的文章中，意义和影响最大的是《管制经济学：原理与制度》（1970），该书的出版确立了他作为该领域的奠基人的地位，也标志着现代管制经济学成为经济学研究的专门领域，形成了较为完善的理论体系。正如保罗·加斯克（Paul L. Joskow）在1988年此书再版前言中说的那样"自这套著作的出版后过去的十七年已被证实是管制经济学的学术研究的文艺复兴时代，一部巨大的技术性著作伴随着这一文艺复兴而诞生……毋庸置疑，当代最富挑战性的管制问题一定会在'卡恩'（书）中找到最有思想性和原创性的分析，这仍然是常见的现象"。可见此书在管制经济学中的学术地位。

该书分为两卷，第一卷着重阐述经济原理，第二卷则集中于制度问题的分析。但实际上，该书对原理和制度的阐述是相互交织的：第一卷中也介绍了这些原理如何被应用于实际以及应该怎样应用的问题；第二卷中也阐述了第一卷中没有提到的一些原理。卡恩所探讨的主要领域是如何管制垄断和决定费率。该书系统地阐述了边际成本定价的一般原则、长期与短期边际成本和价格歧视等问题，其重要特点在于将新古典经济理论与实证证据有效地结合起来，树立了应用经济分析的典范。它同时包含大量来自不同产业的关于经济管制问题的实例，并详细阐述了如何应用经济原理来解决这些问题以及对公共政策进行经济分析的一般方法。其中关于处理经济管制和竞争问题的方法，已经被广泛地采纳为标准管制规则和程序的一部分。例如，边际成本法被众多管制机构认可和接受；折扣现金流模型几乎被所有的机构用来评估资本成本；关于激励问题以及具体激励计划一直广受管制者青睐。

从20世纪70年代初到80年代末，卡恩对管制经济学的研究主要侧重于航空、电力和货运等产业的效率和定价等方面以及管制与放松管制的理论和实证研究，对管制自身的改革、放松管制的绩效以及管制和竞争之间的关系也进行了深入的探讨。此间，卡恩在美国一流刊物上发表的文章近70篇。特别是20世纪80年代以后，他主要致力于实证分析。20世纪90年代以后，卡恩继续对电视、电力、航空和其他公用事业进行深入研究，对管制与竞争的关系、放松管制的结果与绩效以及如何处理由于放松管制而产生的问题也进行深入的探讨。在此期间，卡恩撰写了两本专著，即《上帝要毁灭谁，怎样才不放松管制》(2001)和《何去何从：对放松管制过程的放松管制》(1998)。前一本书评价了美国公用事业放松管制的状况，探讨了熊彼特式（Schumpeterian）竞争与管制者操纵之间的矛盾，提供了立即解除特许权垄断的方法，阐明了在放松管制过程中对管制者和公用事业公司的机会主义行为都进行收费的观点，考察了应该由什么样的机构来负责促进和维持有效竞争，并且还描述了若干个近期引人关注的选择陷阱（特别是加州电力产业的例子）。在卡恩的《管制经济学：原理与制度》（第三卷）中，他分析了电讯和电力产业变革的方向和范围，评价了针对这些变革的管制过程和政策。通过引述与进入收费、价格结构、附属关系和其他因素相关的矛盾，卡恩指出现存的管制工作并没有很好地通过增进市场效率来实现竞争。该书对如何制定公用事业和基于网络产业的公共政策做出了重要贡献。

三

卡恩不仅是管制经济学理论的大家，更是一位管制理论积极的实践者，就其对管制理论的实践方面的应用的广度和深度而言，在整个美国经济学界的确是少有能敌。

卡恩担任过很多社会公职，总统经济顾问委员会资深会员（1955—1957年）、美国商务部与司法部的助理经济学家（1941—1942年）、布鲁金斯研究院的经济学家（1950—1951年）、美国司法部研究反垄断法委员会成员（1953—1955年）、美国商务部顾问委员会成员（1953—1955年）和美国电话电报公司经济顾问委员会成员（1968—1974年）。卡恩经常被邀请在美国国会和司法部对有关案件提供证词，比较著名的是1964年美国司法部诉讼美国标准石油公司垄断案，以及在美国国会对数家石油公司的操纵市场问题的争论中提供证词，引发了美国国内大规模的反垄断的思潮。对经济管制理论的深入探讨和丰富实践经验的积累，为卡恩完成管制经济学的奠基之作和成为集大成者奠定了坚实的基础。

卡恩一生致力于对自然垄断和公用事业等的管制与放松管制的实践活动，亲自推动了美国的"放松管制革命",他也因此被誉为"放松管制之父"。20世纪70年代以来,卡恩先后为美国国会以及国内外的各种政府、机构和公司就管制、放松管制、竞争和定价等多方面问题提供了近250次的证词。1974至1977年,他担任纽约公用事业委员会主席,1977至1980年先后担任卡特政府的民用航空委员会主席、工资与价格稳定委员会主席和总统关于通货膨胀问题的顾问。

卡恩所倡导的"放松管制革命"首先在航空、电讯、运输、有线电视、石油和天然气等自然垄断产业中进行。通过结构调整的引入竞争,大大提高了这些产业的效率和产品质量,降低了产品的价格,增加了产品的种类,增进了消费者福利。以航空业为例,卡恩在担任民用航空委员会主席期间,积极倡议对航空业放松管制。尽管招致了许多航空公司及其工会的反对,据说是因为担心放松管制后的安全问题,但是卡特总统最终还是签署了《1978年航空业放松管制法》,剥夺了民用航空委员会的定价权和航线决定权,允许航空公司就这些问题做出最后决定,并且规定1984年年末解散民用航空委员会。航空业放松管制的主要效果有:旅客增多了;付费减低了;航空业的利润下降了;航空公司形成了中心辐射网络;运输能力提高了;可供顾客选择的服务增多了;安全保障改善了。据统计,每年由于放松管制而产生的收益大约70亿美元;1980—1989年实际的平均付费下降了20%。对航空业的贡献仅仅是卡恩诸多实践贡献的一部分。2000年以后,他为美国国会和航空公司以及新西兰奥克兰国际机场公司和澳大利亚西尼机场公司等机构提供证词。

当然,由于瑞典皇家科学院对斯蒂格勒的褒奖,使许多人忽视了卡恩对现代管制经济学的杰出贡献,但是当我们重新读卡恩的著作和他所做的精彩的证词时,我们仍然可以找到管制经济学的开端。

【经济史话】

南京国民政府时期的统制经济

杜恂诚 *

一、统制经济思想成潮流，但统制救助变成市场替代

20世纪30年代初，西方各国在经济大萧条的冲击下，出现了政府干预经济的世界性潮流，并通过学者的路径、政府的路径和实业界的路径向中国渗透。

学界传播和讨论统制经济思想，力度是最大的，使统制经济思想成为当时经济思想界的主流。但当时人们对何为统制经济，其实是不甚了解的。马寅初、穆藕初、何廉等人认为，统制经济就是苏俄等社会主义国家的计划经济，日本翻译成统制经济，我国亦沿用之。另有一些人，如张素民、诸青来、吴德焙、陈长蘅等，认为统制经济同计划经济是有严格区别的，资本主义国家的经济干涉为统制经济，社会主义国家的经济干涉为计划经济；统制经济限制自由竞争，计划经济则废除自由竞争；统制经济帮助私营企业，计划经济消灭私营企业。即使是在主张统制经济与计划经济有区别的学者那里，"统制经济"仍然还只是一个理想的符号，仍然还是模糊的、不清晰的、不具体的概念。

国民政府的经济部门也在通过各种渠道学习西方国家的经济建设经验，当然也包括当时政府干预经济的一些做法。1933年9月，国民政府行政院长兼财政部长宋子文在出席世界经济会议回国以后，极力主张中国仿行欧美实施统制经济。于是他的主张很快就变成了政府的政策。1931年12月底，接替孔祥熙担任实业部长的陈公博也是统制经济的积极鼓吹者和推行者，他制定"实业四年计划"，还每隔3个月在《实业公报》上公布实业部3个月的行政计划。他认为，统制经济须"先将保险业、粮食、棉花、煤炭等重要产业，用政府力量通盘筹划，使之统制起来"。1933年9月底，全国经济委员会改组，增加了职权，成为统制全国经济的最高机关之一。

---

* 作者为上海财经大学经济学院教授。

企业家们在经济困境中希望得到国民政府帮助，呼吁救济，政府会以"统制"应对。江浙丝厂业一再呼吁救济，促使国民政府仿效日本的统制经济办法，1934年在全国经济委员会下设立了蚕丝改良委员会，对蚕丝业采取改良统制政策，并以江浙两省为全国模范区。有时，企业家自己会提出行业统制的口号，要求政府通过统制予以扶持。1934年4月，刘鸿生以中华全国火柴同业联合会主席和国民政府全国经济委员会委员的身份向该委员会提交了"请实施火柴统制案"，但未获得通过。刘鸿生转而谋划全国火柴联营社的组建，并于1935年12月向国民政府呈文称："现所拟办之联营社，系由厂商组织而政府则处于监督及维护之地位，虽无统制之名，而有统制之实。"终于取得国民政府支持。

"统制"是当时经济界的一个时髦词，但何为统制，如何统制，其内涵是模糊不清的，既可理解为政府对经济的适度干预，也可发展为政府对经济的全面掌控；既可理解为政府帮助企业解决困难，也可发展为政府全面设定企业的行动模式，限制其行动自由；既可理解为政府解决市场失灵，也可发展为政府以计划管控甚至替代市场。这就给了政府自由选择的空间。由于传统的思维模式和政府定位，国民政府以"统制"的名义向经济各领域的渗透力越来越大。用国民政府的话来说，这种渗透追求的是政府对产业的"集中"。

在统制经济实施之初，甚至在"统制"的说法正式提出之前，国民政府对经济的干预，主要是汲取了西方国家的经验，许多做法具有合理性。1931年实业部制定的行政计划体现了国民政府积极干预经济的主导思想，如各种行政法规的制定、奖励工业技术条例的拟订、人民投资建设事业保障奖励法及施行细则的拟订等。针对中国出口丝、茶的质量下降和国产棉花多不适宜纺高支纱的问题，实业部一方面在多地创办农业试验场所，工业谋求技术进步，农业则培育优良蚕种，引入优良棉种等，另一方面则强调商品和农产品质量检验的重要性，在多地设立检验机构。并推行度量衡新制的统一。

但统制救助走过了头儿，就变成了政府替代市场，这会使经济运转模式发生根本改变。我们可以看一下蚕业统制的情况。江苏省和浙江省在1934年前后组织蚕业改进管理委员会办理蚕种统制、茧行统制和运销统制，在生产、运输、销售等所有领域实行行政控制，排除了市场的作用。广东、山东的蚕丝区也继起效尤。这已经完全由行政力量替代市场了。

随着棉纺织业的困难越来越大，国民政府的统制趋于行政化和去市场化。

1933年11月，鉴于棉纱价格下跌，全国经济委员会棉业统制委员会对于纱布交易所的管制措施是"拒绝收受客户厂商新交入之纱，俾稳定纱价"。但这种近似取缔市场的做法并不能止住棉纱价格的下跌趋势。1934年申新纱厂系统陷于财务困难时，实业部和全国经济委员会棉业统制委员会曾考虑通过国民政府主持"整理"来实现国民政府的行政接管，后来只是由于国民政府内部的意见不统一才没有实施。

火柴业的情况是形式上没有统制，实际上国民政府通过火柴联营社的垄断实现了统制，而这种统制是以控制和替代市场为着力点的。联营社的垄断包括三个方面：其一是控制购运氯酸钾的护照，只有联营社才能申请到这种火柴原料，各厂自己领不到护照；其二是统一管理火柴印花，以此来控制火柴产销；其三是派设驻厂员，监督各厂是否按照协定的产销额进行产销，并检查是否贴了印花。这样一来，各厂在最重要的环节上都被控制住了。

随着国民政府在经济和社会层面的渗透力越来越强，政府不仅自上而下地控制了商会、同业公会、工会、农会等社会组织，而且掌握了行业规则的制定权。1933年，上海银行公会和上海钱业公会制定同业营业规则的自主权被国民政府主管部门侵夺。1933年11月，实业部在一份给上海市社会局的文件中要求由国民政府主管机关，而不是由社会团体来制定行业规则。

二、从民生理念走向统制能源、重要实业、交通等经济命脉

在各界一片求助于国民政府救济的呼吁声中，国民政府被认为是最有能力和最理想的经济主体。这样的舆论背景当然有助于官营经济的发展。另外，值得我们注意的，是孙中山的民生主义理论。孙中山指出："凡本国人及外国人之企业，或有独占的性质，或规模过大为私人之力所不能办者，如银行、铁道、航路之属，由国家经营管理之，使私有资本制度不能操纵国民之生计，此节制资本之要旨也。"他认为"发达国家资本"和"节制私人资本"的经济政策，是"防备将来社会贫富不均的大毛病"的良策，而发展实业"照美国发达资本的门径，第一是铁路，第二是工业，第三是矿业"。他认为这三大实业应该由国家经营，并须利用外资。

过去，我们受统计数字的误导，一般认为在全面抗战爆发之前，国民政府对金融业已实施了行政性垄断，至于在工业等其他领域，官营经济尚无明显进展。

根据被广泛引用的杨格著作的记载，1928—1937 年国民政府的实业、交通、建设、国营银行及国营企业投资，仅 1933—1936 年度有数字记载，其他年度没有投资，这几年的投资，总计为 3.54 亿元。但这个数字有可能是低估的。原因是该统计遗漏了国民政府为兴修铁路和举办实业所举借的外债和很大一部分内债，还遗漏了地方政府的投资。

笔者统计，国民政府在这一时期的铁路投资约为 4.07 亿元。在工矿实业投资方面，国民政府致力于对能源、重工业、交通等关系国计民生行业的投资或控制。电力工业是近代中国发展最快的基础能源工业，南京国民政府对电力工业采取严格监督管理和控制。电气事业是由政府全面统制的。1931 年年初，实业部制定的工业行政计划中，有"筹划整理国内旧有钢铁工厂以促进基本工业"和"调查国内久停暂停或势将停工各工厂数目及歇业原因经过状况以便分别筹划改造恢复及救济之方法"的条款。实业部借拨英俄庚款除用以创办官办的中央机器厂外，还准备用于创建硫酸铔厂。此外，拟向德国借款创办国营钢铁厂，并拟发展汽车工业和石油开采业。

1932 年 4 月，实业部在一份文件中称"本部现正详拟四年实业计划，并拟于长江流域设立重工业区"。1932 年 6 月之前，为发展航空事业，实业部派员赴川陕甘辽等省进行油石煤矿勘探，又赴山东、浙江等省勘探铝矿。实业部在 1932 年第四季度的行政计划纲要中，进一步扩展了国营工厂的筹建范围，增加筹建酒精工厂、国营细纱厂、造纸厂，并与美国福特公司筹商创办汽车工厂。实业部不仅编制和实施国营工业的发展计划，而且在 1933 年度的行政计划纲要中提出"民营工业之通盘计划"的概念。1933 至 1936 年，中央政府把多处重要矿区划为国家保留区。

实业部 1934 年度行政计划纲要中详细介绍了各个由国民政府主导建设的工厂的筹办进度，其中特大规模的硫酸铔厂虽然名义上归商办，但仍接受"政府的监督指导"。在 1936 年 5 月的一份文件中，实业部再次强调了制定工业计划，致力于重化工业等基本工业的建设，以及实施工业统制的重要性，指出当时正厉行工厂登记，正是以备工业统制作参考的。1935 年 4 月，资源委员会成立以后，重工业建设便在资源委员会的主持下进行。

限制私人资本的后果是民营企业生存环境的不尽如人意。1934 年湖南电灯公司给国民政府建设委员会的一件呈文中说："自民十五以后民气嚣张，打倒企业家几成一种恶习，致使敝公司路灯费用无法收取。停顿至今，此项电费损失每年不下数万元。"官权侵害民权也与统制相伴："近来地方官吏，时有假借名义，侵害人民财产及妨害人民营业自由之举，其为弁髦法纪，无可讳言，若不亟加整饬，将何以肃官常而崇法治。"

至于国民政府对金融业的行政性垄断，大家比较熟悉，这里就不再重复了。

三、统制的结果：从市场主导走向国家资本主义主导

20世纪30年代中国经济有过两次发展高峰，一次是1931年，一次是1936年。这两次高峰也可以看作是整个近代中国经济发展的高峰，这两个年份经济总量（GDP）大致相当，在150亿元左右。1931年的高峰是市场推动的，1936年的高峰带有浓重的政府色彩。国民政府加强投资，强制官营金融机构放款，以及强制对农村放款，对经济的复苏和增长起了作用。据笔者统计，从1928—1937年，国民政府在工矿交运、铁路、公路、水利、通讯、金融和地方建设等方面有案可稽的投资最低估计是9.16亿元，是杨格数字3.54亿元的2.59倍，而1934—1936年投资6.58亿元，占了十年总投资的71.4%。这对当时中国走出经济困境是起了很大作用的。

政府加强基础建设投资和实业投资，是需要有条件支撑的。1932年以后国内政局较以前相对稳定，中央政府的权威较以前稍有提升，关税改革和一些新税的开征增加了中央政府的收入，国民政府在1932年的全部税收收入是6.16亿元，是1929年3.23亿元的1.91倍；1934年全部税收6.6亿元，是1929年的2.04倍。国民政府的财力有所增强。同时，通过债务整理，提高了债信，也就更便于筹集资金。另一方面，在政局稍有稳定的环境下，各地方政府有一定的积极性投入地方建设资金，如筑路和关系民生的工业等。1934年广东、山西、湖南等许多省都制定了各自的三年经济建设计划，并大力着手实行。在1935年法币改革以后，理论上纸币发行权应集中于国民政府控制的中央、中国、交通、农民四银行，但许多省办的地方银行不仅不收缩其纸币的发行，反而乘机扩张。

与此相对应的，是在经济萧条背景下民营经济的艰难图存。在1931年以前作为中国工业支柱的棉纺织业和面粉工业陷于深重的困难，许多企业关闭或重组，过去扩张迅猛的企业也失去了活力。尽管由于城市化的发展而出现了一些新的投

资机会，但由于集资和融资困难的原因，民间投资者大多只能投资于一些中小型企业。政府投资强化和民间投资弱化，是国家资本主义逐渐发展的基本条件之一。

在经济萧条时，金融市场一般的做法是收紧银根，中国当时民营银行业的信用紧缩在1935年达到高潮，25家民营银行的放款总额从上年的10.93亿元减少到9.96亿元，而国民政府直接控制的四家银行却从上年的11.22亿元，激增至17.83亿元。国民政府所控制的金融机构在市场不景气的时候加强放款，是摆脱萧条的重要条件。

我们可以做这样的判断：从1934年起，中国的经济增长方式由市场主导转变为政府的国家资本主义主导，这是国民政府逐步落实经济统制政策的直接结果。于是，中国经济的增长方式似乎又回到了洋务运动时期。

1928—1937年，南京国民政府对于各个经济领域的投资最低估计为9.16亿元，是同期民营新设资本额在1万元以上的工矿交运金融企业总资本额3.465亿元的2.65倍。就新设工矿交运企业而言，在这十年内，官办和官商合办企业的总创办资本是全部企业创办资本的33.2%，而在1935年至1937年这三年中，官营企业的创办资本总额达8297万元，是这三年全部企业总资本14694.1万元的56.5%。可见，从新设工矿交运企业这一投资环节来看，国家资本主义在全面抗战前已占主导地位，这是其统制经济政策实施的结果，并不是像过去说的，国民政府对经济的全面垄断是在抗战胜利后接受敌产才形成的。

有意思的是，这似乎形成了一个历史的轮回，清政府和国民政府的当政理念不同，信仰不同，但都曾雄心勃勃地主导过国家资本主义经济，都曾认为，唯有如此，才能尽快地赶超西方，摆脱贫弱。

【经济史话】

中国近代银行家群体的用人机制

兰日旭[*]

银行家一般是金融行业的中高层经营者,但金融行业中的中高层并非都可称之为银行家,银行家自有不同于经营者的特征。在实践中,他们有以下三个明显特征:一是把银行业作为终生追求的目标,除非是被迫或被动离开银行业;二是对业务、理念等创新和要素组合具有强烈意愿,谋求银行事业的持续发展;三是遵行"三性"(即安全性、流动性与营利性)原则的同时,追求社会事业的发展,具有很强的社会责任感。按照这三个特征,在民国时期,中国已经形成了一个富有活力的银行家群体,并引领社会经济的发展。他们在理论和实践层面形成了一个趋同而又存异的用人机制,成为当时行业现代化中的一个亮点。

银行家群体的形成

1897年,中国首家现代银行——中国通商银行成立,至1912年年初,共设立了银行40家左右,但经过辛亥革命的冲击,只剩下少数几家银行存活下来。到1936年,已经增加到164家。伴随银行数量的增加和银行业的快速发展,一批具有国内外银行从业经历者所主导的银行脱颖而出,渐趋成为全国不同区域中心的银行群体核心。"北四行"等成为北方的金融集团中心;"南三行"与中国通商、四明、中国实业与中孚银行则成为华东(即江浙)的金融集团中心;广东、华侨、和丰等银行构成华南财团中心,聚兴诚等则是华西的金融财团核心。这些银行群体的崛起,使拥有现代财经背景、丰富实践经验的银行创办者或管理者逐步扬弃了官办银行和传统金融组织、外资在华银行的某些做法,主动创新、采纳和推广各种新式业务、组织和经营管理经验。在日常经营中,他们不是单独行动,而是通过业缘、学缘、地缘、友缘等关系逐步联系起来。

---

[*] 作者为中央财经大学经济学院教授。

早期银行从业者的金融经验主要来自传统金融机构或外资在华机构的经历，而民国之后的多数银行家曾在早期银行的总分支机构中任过职，且多数还在国外大学攻读过财经类专业以及在国外相关金融机构任职过。在徐矛等统计的110名银行家中，1880年之后出生的达73名，多数受过高等教育，其中48名还有国外留学经历。这一经历，使他们在经办银行中自觉不自觉地扬弃了早期银行从业者群体的传统经营素养和某些不合时宜的做法，形成以现代财经理论、银行实践为依托的经营者素质。他们借助社会关系网络而渐趋连接为一个群体，表现出完全不同于传统金融机构从业者和早期银行经营者群体的特征。第一，他们中大部分人把银行业作为终生追求的目标，在努力创新、遵行"三性"原则的同时，注重社会效益。第二，在地缘基础上，他们更多以业缘、学缘、友缘等为纽带结合起来，彼此参股、互兼董事、监事，以更加开放的心态吸纳各种金融机构的做法，成立经济研究所、自主创办各种报刊以推动现代财经理论、宣传新式银行业务和经营管理经验。在近代影响最大的28家银行的上层人员中，除了几家海外华侨投资建立的银行外，其他银行的人员基本来自江浙，少数不是江浙籍的，也能通过学缘、业缘而存在某种程度的交集。第三，他们不但自主组织银行公会等地域或全国性团体，而且还主动参与、改造旧有的商会等组织，以抬升自己的地位和社会影响力。同时，他们还发起各种聚会、研究会等活动，以加强信息沟通、促进新式业务和组织的应用。第四，他们尽管与各级政府保持一定的联系，但在银行经营中更加偏重独立经营和商业化倾向。第五，在银行经营中，他们自主展开制度创新活动以弥补中央银行等正式制度缺乏，保障银行正常生存空间、净化金融生态环境。这些特征无疑表明，银行家们不再以个体形式出现，而以群体的形式出现，以独立的姿态开始在社会经济中崭露头角、发出自己的呼声，甚至在社会经济的转折时刻能够以行业的实力谋求相应的政治保障，给社会经济发展带来越来越大的影响。

银行家群体用人机制"求同"趋向

1920年，上海商业储蓄银行在《银行周报》上刊登广告招考初级行员："考期：本行定于阳历九年（1920）十二月十二日下午一时至五时。考试地址：在四川路一百廿号青年会童子部随带中西笔墨。报名：投考者须于十一月二十日起至三十

【经济史话】

日止到本行报名并携带本人四寸照片。年龄：二十岁以上。资格：曾在银行钱庄供职或在中学毕业或在中学以上学校二年以上者（附注：学校毕业者报名随带毕业文凭，在银行钱庄供职者须有证明并非因舞弊等开除之证明或经本银行承认之介绍人代为声明）。考试题目：甲种，中文书信、英文书信；乙种，珠算、笔算；丙种，中文簿记、西式簿记；丁种，估看银元、英文默写。上列考试题目甲乙丙丁四种贰题投考者至少须考每种一题。取额：正取十二人，备取六人，考取后，立取保证书及志愿书经本行认可，由本行通知进行日进行后，试用三个月暂定月薪十元。如试用后，办事成绩优美者得随时按照行章升级加薪。"上海商业储蓄银行广告招收职员的方法及考试内容基本与现代无异，这一面向社会招考的方式，完全打破了传统金融机构以地缘为基础、学徒式培养的用人机制，也是当时银行家群体中普遍采用的行员招收方式。除了公开招考，还采取以下方法招收行员：一是主动开办银行传习所，对有能力的学员加以录用；二是与当时中国著名的中学、大学等直接挂钩，每年从优秀毕业生中加以挑选或由学校推荐；三是采用委托熟人介绍、发函给学校等方式，经过考试等途径在社会上遴选。撒开大网，广招贤才，使银行选用的人员具有较强的综合技能和较高的素质，为近代中国银行业的迅速发展起了关键性作用。

为了尽快把招收的行员纳入正常的轨道，他们采取不同途径对人员加以培训：一是出国深造。比如上海商业储蓄银行刚成立时，就把杨介眉送到美国的欧文银行学习业务知识及其先进的管理经验。随后，该行不断根据自身的业务需要及银行发展的情况从高级行员中挑选人员出国考察或到国外学习有关银行的理论知识等。二是在职培训。针对银行发展中出现的不同情况，实施不同的方法对有关行员进行培训。如为了加强海外业务，面对职员英语水平差的状况，银行家们在职工中开设英语补习班，要求行员充分利用业余时间学习英语；当银行开展新的业务时，通常会在各分行之间轮流分派职员到总行学习相关业务知识和实际操作技能。三是在训练班系统学习。近代中国排在前列的这些银行家们，普遍在银行内开设各种训练班。比如上海商业储蓄银行在1920年就开设银行实习学校，训练练习生。到1929年又把实习学校改为银行传习所，学习时间也由以前的半年延长至1年，至1931年时传习所又改称为银行训练班。显然，通过上述多渠道、多层次的培训，银行职员在实际资金运作中能熟练地将现代银行的理论贯彻到实务中，为银行发展铺垫了道路。

为了激发行员的潜能和积极性，银行家们采用多种途径对行员进行激励，使其能够有"银行即我家"的归属感。上海商业储蓄、金城、中国等银行都采取了职务等级薪金制度，以"晋级加薪"为诱惑，刺激行员忠于职守，勤奋向上，勇于创新。比如上海商业储蓄银行把行员分为初级试用助员、助员、办事员和职员四种，除初级试用助员分为四个级别、每月薪金30元到45元不等外，其他级别的人员都划分为三等九级，并加一级超级，共十级，每级薪金不同。"助员工资分别为50元至95元，每级级差5元；办事员工资分别为100元至190元，每级级差10元；职员工资分别为200元至380元，每级级差20元。"按等级划分，实行稍有差异的薪金制，显然能使行员对未来有所寄托，认真对待自己的工作，激发潜能，养成专心苦干的精神。现实中，职员若无过失，每年都能晋升一级工资，年终还能得到相当于本人一两个月工资的酬金。此外，还实行行员特别储金、行员持股的方法以激发行员尽心尽力。这种做法，正如陈光甫所言"本行同人均得购股而为股东，以收劳资合作，休戚相关之实效……行员进而为股东，增进对于本行之兴趣，自益感其责任之重大"。行员购股，符合行员的利益，得到行员的拥护，使他们自觉不自觉地把自己的命运跟银行的前途联系在一起，一定程度上达到了"人人为银行，银行为人人"的效果。

通过对行员的考核调整，把有能力的人选拔出来，真正让每一个人都在最适当的职位上做最恰当的工作；而把墨守成规、毫无能力的人淘汰出去。这一点，上海商业储蓄银行的做法最为典型，它在日常经营管理中形成了一套有着自身特色的做法：该行结合国外商业银行的经验，按照优秀分子、可用分子、成问题分子的标准，经过平时、年终考核的方式，规定"能运用脑筋，自动以新思想为本行策划新方法，即可以书面或口头相告，鄙人脑筋中印有此人之影像，知其富有新思想，而能认真办事，则随时可以升级加薪"；"同人有开办新事业的条陈，倘鄙人认为此事可以创办，则派办此事者，大都为投递条陈之人，又必有升级加薪之望"。而如下三种人则难以在银行中立足：一是不知节俭，甘心堕落的不适艰难人士，即陈光甫称之为"少爷"类的；二是官僚气严重，该办的事随意拖延，即陈所言为"大老爷"之类的；三是做事被动，毫无生气，缺乏进取之心者，亦如陈光甫所言的"老太爷"。

以上种种可见，中国近代银行家群体的用人机制发生了根本性的转变；而这一改变的动力则来自于银行家群体中人才立行的观念。"事业界之上者，以人才起，以人才兴,事业界之下者,以资本起,以资本兴,银行业其好榜样也。盖以人才而起者则其信用厚,资本虽乏,而吸收存款以充实营业资力者较易也,以资本而起者则其信用薄,资本虽多而吸收存款以充实营业资力者较难也,故论银行营业之盛衰,均系乎人才,不尽于乎资本,资本者末也,人才者本也。"只有高素质的人才,才能造就银行业的兴盛发达。"银行为社会金融机关,握商业之总枢纽,无学识之人,自不能滥竽充任,且亦非高尚学识者所能胜任,其关系普通事业,尤为重要,是故当银行任用行员时,决不能不慎重审察其学力如何……"显然,只有借助高素质的人才,把银行的各种资源加以利用,变不利为有利,才能使银行逐步壮大,在激烈竞争的国内外环境中拓展其经营空间,真正在民众中树立信誉。

除了在实践中建立一系列行之有效的用人机制,银行家群体中的多数人都会把用人机制加以理论化。银行家在用人上的经验,大多通过日记、书信、言论集等方式,进行系统阐述,并利用编写行史、纪念论集等方式留存下来。

银行家群体用人机制的"存异"

银行家群体在用人机制上趋同的同时,也能从所在银行的实际出发,创新创造出具有自身特色的"存异"式用人机制。中国通商银行创立时,用人机制虽然极力效仿外国银行的做法,其实际用人却仍然以传统金融机构中吸纳的人员为主。此时,受创办者自身对现代金融人才认识局限的影响,用人机制上仍未超越传统范畴,"一为个人取得重要职员之头衔,以示光宠;二为个人谋得资金融通之利便,以图营利"。到民国之后,随着银行家群体的崛起,各个银行家均能从各自的银行文化等因素出发,形成多样化的用人模式。

在近代中国银行家群体用人机制的"存异"中,有着众多典型案例。陈光甫在上海商业储蓄银行的用人机制,明显是从银行"地毯式"经营发展定位出发,形成的一套高度制度化的用人体系。李铭在浙江实业银行的用人策略,则与"宝塔式"的银行经营理念相一致,用人上更多聘用社会关系网广、影响大、资源多的人员,由此在浙江实业银行的高层中涌现出了一批后来成为银行家的人员;同时,李铭还是上海银行家午餐会的发起者,以此扩大银行在社会上的影响力。周作民在金城银行的用人方式,明显跟他的为人处世和在银行中的地位密切相关,使他在行员的招聘上,采取了"门客式"的形式,把有一定技能,如留学的、具有金融经验与知识的，甚至会喝酒、打牌等的人罗列在银行内。一旦遇到相应的事件，就能派出相应人员来完成相关任务，由此也使金城银行在不同时期均能得到快速发展。杨粲三在聚兴诚银行的用人形式，则与该行采取三井财阀模式相关，采取传统学徒培养与现代教育相结合的用人方式。传统学徒的培养，使招聘进银行的人员能够忠于杨粲三的家族式治理，而现代金融理论的教育，又使行业人员能跟上现代化潮流。

【经济史话】

私人账簿的经济史研究价值

黄英伟 *

20世纪中叶以来，西方以经济学界为引领的计量方法在各个社会科学领域快速扩张，成为重要的研究方法之一。目前量化方法也逐渐被中国经济史学界和社会经济史学界所采用，更有大展之势。伴随着这种趋势的发展，西方欧美国家、日本、韩国等国的学者相继整理出版了各国反映长期经济社会发展的相关数据，如人口、物价、工资、耕地、粮食产量等等，这些数据是相应计量或量化研究的基础材料，或者换句话说正是先有非常完备的数据基础，然后才在此基础上发展出了相应的方法。然而，相比欧美、日本等国家，我国各历史时期的社会经济方面的数据史料都较为匮乏，这是制约我国经济史和社会经济史向前发展的主要障碍之一。

以往学者的研究主要关注传统中国官方或各类志书中所记载的各类经济信息，如人口、粮食产量、耕地面积、商品物价等，这些数据当然可以反映一定的经济状况，虽然有诸如记载粗糙、前后矛盾等诸多问题，但在没有更好替代的情况下依然是可得的最好数据，但是这些数据最大的问题是很难反映民众日常活动，缺乏鲜活生动的历史感，而私人账簿恰好可以弥补这一不足。

所谓的"私人账簿"是指，以个人或家庭或小集体为单位，以记录该单位内成员的经济生活为主（主要是收入和支出），与商业组织和官方行为相对，是纯民间的经济活动记录。本文以笔者收集的一则民国时期宿迁县城一个普通市民的家庭账簿（1935—1942年）为例，说明民间私人账簿的史料价值。

一、详细记载了日常经济生活

该账簿记录时长长达8年，详细记录了每一天每一笔收入和支出，共计2000

---

* 作者为中国社会科学院经济研究所副研究员。

多条记录。收入栏中记载了账簿主人的主要职业、收入途径、收入构成，相对来说信息较为简单。支出栏则反映了更多的经济生活，记载了每天的经济活动、生活状况、饮食结构、饮食偏好、消费构成、社会关系等等。

关于收入，如 1936 年 1 月 8 日，收"恒记六元"；1936 年 1 月 14 日，收"膳费十二元"；1936 年 1 月 14 日，收"薪金二十五元"等。关于支出，如 1938 年 10 月 22 日付"盐两斤两角四分、米一石七元四角、山芋一角、酱油四分"；反映住房的，10 月 27 日，付"房租四元五角"；反映文化生活的，10 月 24 日，付"旧书七角"；反映礼仪的，10 月 30 日，付"丧仪一元"；反映交通的，12 月，付"黄包车两角"；反映穿的，1936 年 3 月，付"灰布鞋一元二角"；其他，1938 年 7 月，付"戏杂两角"，等等。

二、反映了当时的物价变化

沦陷区在伪政府的统治之下，物价不断飞涨，货币贬值，而且越到后期越严重。通过这些记录可以对某一类物品做出长时段的物价指数判断，如豆油，不但有价钱的记载，还有每次购买的数量，由此可以计算出豆油的单价，将所有的单价连成一条线就可以较为准确地反映出该类物品的价格指数。这类价格指数较官方的统计更为精确，是宏观统计量的最好补充。

如从最具可比性的房租来看，账本主人同时租入和租出房屋，单从租入房屋价格来看，1938 年 5 月开始租入到 1939 年 1 月，月租 4.5 元，1940 年 7 月上升到每月 5 元，1941 年 8 月上升到 8 元，月租从 4.5 元上升到了 8 元，上涨了 78%。如果以 1938 年 5 月房租价格指数为 100，则 1941 年 8 月该指数为 178，上升幅度较为明显。再如对豆油的购买力，1938 年 5 月，1 元钱可以买豆油 4.8 斤，但到 1940 年 8 月 25 日只能买 1.3 斤，物价飞涨到了原来的 3.7 倍，可见豆油在当时的紧缺程度。

三、小账簿反映了大历史事件

私人账簿的另一个主要作用是对当时历史背景的反映。该账簿的最大特色是跨越抗战前后。江苏南京在 1937 年年底被日本占领，宿迁县城于 1938 年年底彻底被日本占领,日本占领后对各种生活物资严格管制,民众生活陷入水深火热之中。该账簿充分反映了这一事实,从抗战前后账簿主人所买的家庭必需品的频次可以看出,如抗战时期买酱油、盐和米的频次明显多于抗战前期;同时抗战时期经济生活变得更加困难,可以称为"奢侈消费"的理发和洗澡次数(指在外付费洗澡)在抗战之后明显减少,抗战前月均洗澡 0.53 次,抗战后月均仅有 0.14 次;再如,家庭消费品种在两个时期的变化也能反映战争的影响,抗战后蔬菜水果的品种明显减少。

  当然,账簿中也有战争味道的直接记载,如 1937 年 12 月 9 日,"在宿迁车站东遇汽车爆炸",账本主人对受害者捐款三角;1937 年 9 月 6 日,付"救国公债拾元";1938 年 9 月,付"居民登记证 0.12 元";1938 年 12 月,付"居民登记证 0.12 元"。民国时期曾有人抨击当时的苛捐杂税是"暴敛无节,铢求无厌,今日派公债,明日借钱粮,百捐繁兴,万弊并举",该账本 1941 年 2 月至 1942 年 1 月,每个月都记录付"警捐三角"。这些直接鲜活的记载淋漓尽致地反映了当时的大历史变迁。

四、反映了传统商业成就在民间生活中的具体运用

  清末民初,曾一度倡导商业账簿的记账方式和方法推广到民间私人家庭使用,但学界尚缺具体案例,笔者收集到的该类账簿恰好能对此进行说明。从该账簿看,商业系统上发展出来的记账方法和会计体系,已经很好地应用到了家庭账上。为了便于计算和避免混淆所使用的"苏州码子",在该账簿上被大量使用。苏州码子脱胎于中国文化历史上的算筹,在商业领域较为常用,主要用途是速记。该账簿在条目上和每页账簿上所用的"码子"有所区别,以免出现错误,同时也是一种核实。每页和每月月底均有小结。

  这里所谓的私人账簿,是与官方文书相对立的,当然也有别于商业账簿。与商业账簿相比,民间私人账簿则更为真实。当然,不可否认商业账簿同样具有较高的史料价值,这一点梁启超在 1922 年就有过说明,"倘将同仁堂、王麻子等自开店至今之账簿,用科学方法研究整理,则社会生活状况之大概情形,亦历历若睹也"。但一些商业账簿出于商业目的,有时会有不同程度的"造假"行为,如故意抬高或者压低商品价格等,这会给后来的研究带来困难,甚至是误导,这就

需要研究者具备较强的辨别能力。而私人家庭账簿基本没有这一问题，其一是私人账簿没有"造假"的动力和必要（或者说相对于商业账簿，这一动力要小得多），私人账簿只是对个人或其家庭经济活动的记载，缺乏"造假"的动力；其二私人账簿没有"造假"的市场，即使有制假的动因也缺乏实施的对象，目的和可操作性均不强，因此私人家庭账簿会更加真实。

同样，私人账簿史料研究也存在一定的难度。首先，目前我国对私人账簿史料重视不够。很多学者和机构尚没有将这类研究作为重要课题，从历年的各类学术课题申请题目看（如国家社科基金），这类研究较为缺乏，更鲜有人员专门收集。相对商业账簿来说，私人账簿通常规模较小、持续时段较短、记录物品欠丰富，因此很难引起重视，结果可知存量较少。其次，由于数量较少，很难进行长时段研究。通常发现的账簿仅能反映单个地区（或家庭），且连续性较差，持续数十年的记录极为罕见，这对于对数据质量要求较高的量化历史研究来说，无疑是较为困难的，进而也很难全面反映历史情况。最后，难以辨别真伪。虽然私人账簿"造假"的可能性极小，但也不能排除这种可能，而此种情况一旦发生则难以排除，这就需要研究者通过多种材料辅以证明。

因此，需要学者首先重视对私人账簿的收集整理工作，这类史料的价值是毋庸置疑的，当这类数据无论从宽度还是广度都积累到一定程度后，就会体现出其独有的优势，也能使长时段的量化研究成为可能，再辅以其他史料证明，定会推动中国经济史研究和中国社会经济史研究向前发展。

【他山之石】

从里根经济学看养老保险改革困境

封 进[*]

1981年里根以70岁高龄当选美国总统,上任时正逢美国经济"滞胀",经济增长处于20世纪30年代大萧条后的最低点,通货膨胀高达两位数,政府面临高额债务,民众遭遇高失业率。里根总统采取了与前几任总统截然不同的经济政策,旨在重振经济,又被称作"里根经济学"(Reaganomics)。里根经济学有三个方面的政策主张:一是减税,包括个人所得税、公司所得税和资本利得税。二是削减政府支出,包括各类补贴穷人的福利项目。为赢得冷战,军备国防支出大幅攀升,这又进一步加剧了其他预算支出的压缩。三是减少政府监管,去除了对电力、煤气、供水等公共服务的价格控制,放松了对银行证券金融业的管制等。

里根经济学体现了供给学派和货币学派的思想,与传统凯恩斯主义相对立。供给学派认为减税使得企业有更多资金扩大经营,从而可以雇佣更多工人。减税让人们有了积极工作的动力,劳动供给增加。降低资本利得税还会促进家庭储蓄和企业投资。减税还可能降低政府福利支出,比如降低失业保险支出、降低针对穷人的补贴支出等。减税对控制通货膨胀也有不可忽视的作用,投资增加、劳动生产率提高,导致供给增加和成本下降,从而使商品价格下跌。从实际情况看,美国经济自1983年逐步走出衰退,但政府财政赤字也达到史上最高。后人对里根经济学褒贬不一,美国经济复苏是否可归功于里根经济学有很多争论。在众多争论中有一个共识,即减税和削减政府支出大大削弱了美国的福利制度。

然而,与此同时却有一个矛盾的现象,美国的社会保障税仍然延续了上涨趋势,从1981年的10.16%逐步上调到了1988年的12.12%,1989年上调为12.4%。这一税率保持至今,社会保障支出也有增无减。在美国,社会保障(social security)指的是给予老人及其遗属和伤残者的保障,其中的核心内容是养老保障,相当于我国政府主办的养老保险,由雇主和雇员共同缴费,达到退休年龄后,有资格领取

---

[*] 作者为复旦大学经济学院教授。

养老金。这一制度于 1935 年由罗斯福总统签署，当时美国处于大萧条中，罗斯福总统采纳了凯恩斯主义的赤字财政政策，一方面通过加大政府支出刺激需求，另一方面，推出社会保障制度，旨在通过提供公共老年保障，鼓励人们减少储蓄，大胆消费。可见这一制度在美国是凯恩斯主义经济学的产物，与里根经济学的理念格格不入。

同时，一些很有影响的经济学家对这一制度的抨击可谓毫不掩饰。货币学派的代表人物著名经济学家弗里德曼指出，理性的个人会为养老储蓄，无需政府干预，政府拿着别人的钱办事，难免有浪费和腐败。政府主办养老保险的主要理由是个人有可能短视，在年轻的时候花光所有的钱，到老年时成为社会负担，但因为 5% 短视的人让全社会公众一起跟着吃药是不合理的。另一位著名经济学家哈佛大学教授菲尔德斯坦在养老保险研究领域著述丰硕，他从不同角度论证养老保险对美国宏观经济的不利影响，最著名的是他关于养老保险会挤出家庭储蓄的一系列文章，试图说明在储蓄率本已很低时，现收现付制的养老保险进一步阻碍了资本形成和经济增长。

当时将养老保险私有化的呼声很高。养老保险私有化改革在拉美国家率先实施，最典型的例子是智利于 1980 年的改革，用私人公司（养老基金管理公司）管理的基金型养老金制度取代了当时现收现付制的公共养老金制度。在拉美改革的基础上，1994 年世界银行提出多支柱框架，对于市场力量介入养老金制度持乐观态度。

里根在任总统之前就不赞同现收现付制的养老金制度，称之为"庞氏骗局"（Ponzi scheme），1975 年就提出过将这一制度改为自愿参加的设想。他担任总统时的大环境也支持他的观点，里根总统似乎可以对养老金制度做比较激进的改革。结果却是，1983 年里根总统签署法案保留现有的社会保障制度，而且承诺政府将履行在其中的承诺。不会对社会保障做私有化改革，而是减少欺诈、提高效率和保证其可持续运行。其实就是不改变现状。

改革的困境在于，现收现付制的养老保险一旦实施，之后的改革成本会随着时间推移越来越大，以至于不得不保持在原有的路径上。到里根上任时，这个制度在美国已经运行了近半个世纪，要做彻底的改革政府财政承受不了，而且一旦老人和低收入群体的利益因此受损，选票将遭受巨大损失。

现收现付的养老保险制度是以当期年轻人的缴费支付当期退休老人的养老金，

在建立初期有一些人没有缴过保费或者只缴了很少的保费就开始享受养老待遇，相当于是享受了免费午餐，在一代养一代的社会合约下，不会出现问题，但一旦这个合约被终止，那么就需要有额外的资金补偿老人的养老金，称为转型成本。转型成本通常为 GDP 的数倍，如何为转型成本融资是改革最大的障碍。智利当时成功的原因是其养老保险覆盖面比较小、政府财政收入增长较快，政府采用提高税收、削减支出以及国有资产转移相结合的方式填补转型成本，这些条件是其他经济体很难具备。

现收现付制的养老金制度设计有先天的不足，随着老年人占比增加，越到后面，新加入的年轻人在这个制度中的获益就越少，主要在为前面的人买单。大多数国家的养老保险是在 20 世纪初推出，当时人口出生率较高，是一个巧妙的制度设计，但到了人口老龄化时代，要履行之前的承诺所需要的税率就需要越来越高。里根总统尽管早就看到这其中蕴藏的风险，但也无可奈何，不得不继续提升社保税。

不过值得注意的是，提高社保税也是有限度的，美国自 1989 年将雇主雇员合计税率提高到 12.4% 之后，就再也未调高过，其间只有过短暂的下调。过高的税率对于雇主和雇员都是很大的负担，政治上不可行。另一个做法是缓慢提高退休年龄，相当于减少养老金支出。美国领取完全养老金的年龄从 65 岁逐步延迟到 67 岁，按 2 个月的速度逐步延迟，从 1937 年出生的人开始，到 1960 年出生的人完成，1960 年及之后出生的人按照 67 岁的年龄领取养老金。

在人口老龄化时代，政府主办的养老金规模将趋于下降。里根总统的另一个贡献是加强了鼓励私人养老金的税收优惠计划，即著名的 401（k）计划。401（k）计划始于 20 世纪 80 年代初，由雇员、雇主共同缴费建立个人账户（完全基金制），税法 401（k）条款规定给予税收优惠。这一制度由于具有税收优惠、投资灵活、收益较高等优点，一经推出就迅速发展，目前 2/3 以上美国公司的雇员都参加了 401（k）养老金计划。该计划已成为政府养老金的重要补充。

现收现付制的养老金制度是"天使"也是"魔鬼"，不改革的结果是破产，但私有化的结果可能是更快的破产，需要几代人承受巨大的财政负担。逐渐降低政府养老金待遇、同时给予私人养老金制度以税收优惠，恐怕是养老金制度的唯一的出路。需要强调的是，老龄化社会的养老能力本质上取决于劳动生产率的不断提高，提高年轻一代赡养老年人的能力是老龄化社会的根本出路。

账单里的美国医疗价格机制

杜 创*

出身微观经济学而研究医改，我对医疗价格机制就有特殊兴趣。国内医疗价格机制有这样一些特点：（公立医院）医疗价格由政府定、明码标价；总费用构成中，诊费偏低、检查费药品费偏高；患者在接受诊疗之前付费。即使医保实时结算，患者也需先交纳相应的个人自付部分，才能看医生、做检查、拿药品。那么国外如何呢？

2013 年盛夏，我正在美国斯坦福大学访学，租住山景城（Mountain View）。一次身体不适，便网上预约了附近的诊所。几天后前往，临到现场时略感惊讶。原来周围林林总总汇集了许多诊所，粗略算算，也有十几家吧！都是平层建筑，深褐色外观，风格大体一致。

预约号是每半小时一个，我提前十几分钟到，注册登记之后便在前台等了一会儿。不久有护士招呼我去量血压、测体温之类的。很快见到医生，一位和蔼的老先生。了解了我的情况，老先生让当场先做个心电图，看完心电图说无大碍，就给我开个单子，让第二天早上空腹去诊所附近一家检查机构验血。一周后我再去找那个医生，他已看到我的血检结果，说没事儿，然后交代平时注意事项一二三。临走我问"要吃点儿药吗"，医生说"不用"。

迟来的账单

整个就医过程，包括在诊所和检查机构，都没有付款环节，只是让我登记了社会安全码（SSN）、医疗保险卡、家庭住址，说不久会寄账单来。但是一直也没见到账单。直到 5 个月后，都冬天了，终于收到诊所寄来的账单，说医保已经付过款了，我得支付剩下的部分。由于机缘巧合，这次访学，我买到了一份很好

---

* 作者为中国社会科学院经济研究所副研究员。

的医疗保险，保险费不贵，福利却很好。除少数例外情形，对每种疾病（可多次），只有 50 美元起付线，起付线以上、500000 美元以下 100% 报销。也就是说，我只需支付 50 美元。诊所向我索取的就是这个，但也因此列出了全部费用明细。

这账单很有意思，背后的价格机制正是经济学研究者感兴趣的。7 月初，我第一次就医，诊所共要价 390 美元，其中 65 美元是心电图检测费用，剩下 325 美元则是医生收费。这 325 美元可能也包括了建档费用。一周后我再去诊所，就只是单纯的诊费了，180 美元。注意这些只是诊所的要价，不包括独立检查机构的费用，也不意味着我和保险机构一共要付这么多。实际上，对于我所买的保险，诊所是有折扣的。两次就诊要价共 570 美元，折扣 168.46 美元，实际需付 401.54 美元；其中我个人支付 50 美元，剩下由保险机构支付。当然这是费用总和，不同诊疗项目，折扣率略有差异（详见表 1）。而且账单显示，保险机构在 10 月初才付费。也就是说，诊所和保险机构之间的往来程序花了 3 个月。

表 1　诊所要价及折扣明细

诊疗次序	费用项目	要价（美元）	折扣（美元）	折扣后费用（美元）	支付分解
第 1 次	诊费	325	82.64	242.36	个人支付 50 美元（起付线），保险支付 351.54 美元（100%）
第 1 次	心电图	65	24.53	40.47	
第 2 次	诊费	180	61.29	118.71	
	总计	570	168.46	401.54	

至于那次验血，并无第三方检查机构账单寄来，因我已经支付过保险起付线 50 美元了，检查费 100% 报销。不过，保险机构后来给我寄了两张单据，其中详细载明他们是如何为我报销的。单据显示，检查机构共要价 203.38 美元，给保险机构的折扣却高达 158.39 美元，保险机构实际付费 44.99 美元（详见表 2）。这样的折扣率，简直可以说是"漫天要价、就地还钱"了。一次检查而有两张单据，我猜测是部分检验项目内容该机构自己不能直接做，需要送到别的实验室，因此单独收费。由于不是第三方检查机构直接寄来的账单，未能确切知道保险机构滞后多长时间才付费。

表2 检查机构要价及折扣明细

单据序号	费用项目	要价（美元）	折扣（美元）	折扣后费用（美元）	支付分解
1	LAB（实验室费用）	96.88	78.00	18.88	已超过50美元起付线，保险100%支付
1	PRO（程序性费用）	21.83	16.32	5.51	
1	LAB（实验室费用）	16.50	12.02	4.48	
2	LAB（实验室费用）	68.17	52.05	16.12	
	总计	203.38	158.39	44.99	

医疗价格机制

晒完账单，我们可以发现美国医疗价格机制的一些特点。

第一，医疗机构服务项目、价格（要价）并不直接公开，医疗机构与保险机构之间讨价还价确定最终费用，折扣率因项目而不同，因机构而不同。去过国内医院尤其是公立医院的人都知道，国内在价格公开上倒是比美国做得好，医院墙壁或电子显示屏上会明明白白标明有哪些收费项目、收费多少。在美国诊所里，却没有这些。当然，如果你要"打破砂锅问到底"，人家也会告诉你。为什么会这样呢？你也许会想：我们以公立医院为主，政府要求公示公立医院价格，很自然。但是，超市大都是民营的啊，为什么不论中外，超市都明码标价呢？笔者以为，更重要的原因当是：美国以商业医疗保险为主，而且保险报销了大部分费用，这样医疗服务买卖双方都有一定的市场势力，价格形成机制主要依靠讨价还价；任何一家医疗机构，对有不同市场势力的保险机构或自费患者，会收取不同的费用，价格歧视很普遍。在此情形下，政府强制明码标价，意义不大；医疗机构也没有动力主动公开自己在各种诊疗项目上的要价。从前述账单我们还可以看到，讨价还价的结果，保险机构从诊所拿到的折扣比较小（大概为七折），但从第三方检查机构拿到的折扣比较大（接近二折）。

第二，医生诊费高、"医检分开"/"医药分开"，诊所不负责所有检查项目，诊所与第三方检查机构、药品销售机构分别收费。诊费高到什么程度呢？前文账单已经揭示，一次普通诊疗，诊费就达180美元，打折后也有120美元左右，折合成人民币800元以上；如果是第一次去某个诊所，费用可能更高。即使扣除中美收入水平的差异，这个价格也是足够高的。有这样高的诊费，医生可以很体面地跻身高收入阶层，不必靠多开药、多做检查挣钱，"医检分开"/"医药分开"就是很自然的事情了。写到这里，或有哂笑：收了505（325+180）美元诊费，折合人民币3000多元，其实医生也没干什么呀，聊聊病情、开个检查单子，最后什么事儿也没有，这不冤大头？要在国内，舆论还不斥之为"黑心诊所"？其实要害恰恰在这里。卫生经济学中有个著名的命题——"供给诱导需求"，说患者缺乏疾病诊疗所需的知识，医生可能利用信息优势牟利。为此要有一系列的制度安排，规避医生道德风险，比如"医检分开"/"医药分开"、足够高的诊费等。如果诊费还不及停车费，能保证医生如实告诉我其实病情没什么大不了？医生不会给我多开药、多开检查单子？[1]

第三，先看病后付费。整个就医过程，医生、护士都没有和我谈钱的事，我甚至不清楚会涉及哪些收费项目、费用多少。事后好几个月才收到支付账单。这样，无论医生医术如何，整个就医体验还不错，当时讨论的、要考虑的，都是病情相关的事。当然，刚到诊所注册时，需要出示社会安全码（SSN）、医疗保险卡，并填写账单寄送地址。但对于账单寄送地址的真伪，诊所其实是没法核验的，这里的关键有几点。一是保险支付了大部分费用，即使最终患者赖账，医疗机构的损失也不是那么大。二是医疗机构与保险机构要经过讨价还价才能确定最终费用，讨价还价的标的，不是保险应付的那部分，而是整体医疗费用，保险机构实际上也是在帮患者讨价还价。因此在就诊时，诊所是无法确定患者个人究竟要支付多少的。三是社会安全码在确保个人信誉机制上发挥了重要作用，能保证绝大部分患者不会赖账[2]。

内在逻辑

上文罗列了美国医疗价格机制的三个特点。多年研究医改，其实不看医疗账单，从书本上也能知道这些特点。但老实说，只有亲身经历、仔细看了这份具体的医疗账单之后，我才真切体会到美国医疗价格机制的内在逻辑。三个特点，根本点

---

[1]关于这个问题的理论解释，参见拙作《价格管制与过度医疗》，《世界经济》，2013年第1期。
[2]详见拙作：《外部性、权利界定与个人征信市场》，《经济学家茶座》，2016年第1辑（总第71辑）。

只是第一条——自由议价，这也是市场经济的精髓。

比如说诊费高。其实在国内，学术界早就诟病体现医生技术价值的诊费偏低，药品和检查费用偏高；我还专门查过，国家发改委（原国家计委）政策文件里也早就提出要提高诊费、调整医疗价格结构，都提了二十多年了，一直没有实现。为什么？前述医疗账单也许可给我们一些启示。单看医疗机构要价，做一次检查，第三方检查机构要价共约 200 美元，甚至略高于诊所的普通诊费要价 180 美元。但是，从和同一家保险机构讨价还价的结果我们可以看到：180 美元诊费最终打了七折，收 120 美元左右；200 多美元检查费竟打了二折，仅收 40 多美元。这背后反映的是医生与检查机构相差悬殊的讨价还价力量。高诊费应高到什么程度、能高到什么程度，完全是市场均衡的结果。

再说先看病后付费。我国很多地区的社会医疗保险已实现实时结算，患者不需要垫付保险机构应付的份额，但为什么需要在医院／诊所当场缴纳自付费用，不能事后付费呢？我们的个人信誉机制还不健全，保险总体报销比例也不高，如果事后付费，赖账可能性比较大，这是客观原因，但关键可能还是议价机制。我国社会医疗保险机构与医疗机构实际上也会讨价还价，但双方讨价还价的标的和美国不同。举个例子说，假设某种服务项目医疗机构"要价"（或政府定价）100 元，保险报销比例 70%，个人自付比例 30%。国内社会医疗保险机构与医疗机构如果讨价还价，标的是那 70 元保险应付部分，保险机构实际支付多少；而个人自付部分 30 元，不包括在双方讨价还价的范围（当然实际的情形可能更复杂，比如在总额预付情况下双方是打包就特定医院所有医保患者、所有项目的医保支付总额讨价还价）。实时结算情况下患者当场支付，技术上是可行的。而在美国，同样情况下，医疗保险机构与医疗机构是就 100 元标的讨价还价。比如最后结果是打八折，折后费用 80 元，则患者实际需自付 24 元。可见在美国，医保患者就医时是不清楚最终要自付多少的，当场付费在技术上并不可行。完全自费患者就没有这个问题。我去过的那家诊所和第三方检查机构都有 POS 机，工作人员告诉我，如果没有任何保险、完全自费，非急诊情况下我是需要当场付费的。

【他山之石】

德国人"较真"精神的经济学思考

李增刚[*]

山东省青州市的南张楼村从20世纪80年代末90年代初开始进行德国以城乡等值化为理念的"巴伐利亚试验",成为中国社会主义新农村建设的样本。我们在该村调研的时候,听到该村负责人多次提到项目实施中德国人的"较真"精神,体现在方方面面。我当时就在思考,德国人的"较真"精神从哪里来?效率怎么样?

一、德国人"较真"精神:遵守秩序与遵守时间

德国人高度遵守秩序,正如尼思所说,"'秩序'是一个渗透德国社会的主题"。这体现在德国人工作和生活的方方面面。在物理层面上,生活中,房间内秩序井然,每样物品放在房间的什么位置都非常明确;工作中,对资料的精心保管和各种具有专门名称的专用笔记簿,能够真正做到"物各有其位,物各在其位"。在精神层面上,德国人对秩序的遵守不需要监督,已经成为一种潜在的意识。有一个关于德国人遵守交通规则的故事,说是在一个下着瓢泼大雨的深夜,一对德国父子要去医院看急诊,在一个偏僻的小路口,碰到了红灯,路上没有人也没有车,他们一直在路口等了很久,后来,儿子想穿过马路,却遭到了父亲的严厉训斥。

德国人对时间的遵守也是如此。据说,在德国可以根据火车到站和离站的时间来对表,可见德国人在公共交通中可以做到时间遵守得毫秒不差。在与客户或别人的约会中,无论是早到还是迟到都被认为是不礼貌的行为。很多时候,为了避免迟到,可能会早到,早到了之后不是急于联系对方而是在附近等待。比如,有些业务员在去拜访客户的时候早到了,就围绕客户所在的大厦散步,等到了时间再去见客户。迟到则被视为是马虎或者对对方的不尊重。

---

[*] 作者为山东大学经济研究院教授。

二、德国人"较真"精神的根源：避免不确定性和对风险的厌恶

德国人为什么这么"较真"呢？这可以从文化、传统等方面寻求答案，但是这会陷入同义反复，因为"较真"本身就是一种文化传统。根据尼思所分析的德国社会的演变及其特点，可以看出这与德国人要避免不确定性和对风险的厌恶有密切关系。

德国是一个长期征战的国家。在中世纪，德国是一个由几百个独立的小王国、公国、侯国和自由市组成的国家，国家内部战争不断，直到1871年普鲁士统一德国后这种情况才有所改变。德国的常年内战对德国人的心理产生了影响，因为战争给德国人带来混乱和苦难，战争对经济发展和经济增长、就业、人民生活等造成了严重破坏。比如，20世纪两次世界大战给德国造成的通货膨胀，使许多德国人辛苦一生的财富瞬间化为乌有。这就使得德国人极力要建立起稳定的秩序，避免混乱。

德国人害怕混乱、厌恶混乱，因为混乱引起人们的焦虑，让人们感觉无所适从。随意破坏秩序意味着随时可能带来风险，比如在道路上行驶，随意闯红灯的行人可能会使驾驶人驾驶的车辆失控；随意迟到可能会使得接下来的工作不得不延误或无法进行。按照尼思所述，德国人常常会为那些不可能发生或永远都不可能发生的挫折、疾病和灾难等表现得过分担心，缺乏安全感，这使得他们不愿意冒任何风险。

其实，任何人都是厌恶风险的，只不过德国人表现得更为明显。较真和遵守秩序虽然不能够完全避免不确定性和风险，但是至少能够减少不确定性和风险，可以将人为造成的不确定性和风险降低到最低限度。

三、德国人"较真"精神的效率：
短期、局部低效率，但是长期、整体高效率

那么，德国人"较真"精神的效率如何呢？一个基本的判断是：短期内可能是低效率的，但是长期内是高效率的；局部来看可能是低效率的，但是整体上是高效率的。

德国人的强烈秩序观,短期来看可能会浪费一些时间,长期来看却会节省时间。一个井然有序的办公室,不论什么资料或文件都有明确的顺序或编号,虽然整理需要花费时间,但是以后的查找就非常容易,能够节省时间,同时可以避免不确定性。在交通秩序的遵守上,即使没有人监督也不会闯红灯,一是避免了任何可能对自己不利的情形,二是当所有人遵守交通秩序的时候,道路一定是非常高效的。在前面所举的雨夜父子仍然遵守交通秩序的例子中,父子两人在雨中等红灯,虽然没有任何车辆或行人通过,看上去是浪费了时间,是低效率的,但这仅仅是短期或局部的,因为所有的人都可能存在机会主义倾向或机会主义行为,一次闯红灯没有遭受损失甚至带来好处,就可能有第二次、第三次,一次没有造成交通秩序的混乱,不代表第二次、第三次的时候不会造成交通秩序混乱。长此以往,结果就很可能是整个交通秩序的混乱。严格遵守时间的"较真"精神可以使工作、生活安排得非常高效率,因为在每个时间点安排的事情都能够得到高效率执行。比如,为了避免迟到5分钟可能会早到30分钟,但是如果都能够做到不迟到的话,那么为了避免不确定性而早到的时间就可能会避免。在一个人人都遵守交通秩序的社会中,由于无序而造成的交通拥堵就不会发生,也就不会出现因交通拥堵而导致的迟到。所以,德国人的这种"较真"精神,能够以短期、局部的低效率换来长期、整体的高效率。

四、德国人"较真"精神对中国的启示

相对于德国人的"较真"精神,中国似乎表现得更为灵活,无论是在做事上,还是在秩序的遵守上都是如此。不过,正是这种灵活造成了中国与德国的不同,短期、局部似乎是有效率的,而长期、整体却是效率极低的。最典型体现在中国交通秩序混乱上,正是这种混乱造成了中国交通的低效率、拥堵不堪。比如,中国城市路口的"闯绿灯"行为。根据相关的法律法规,在路口如果前方车辆拥堵,不能顺利通过路口时,即使绿灯也要等能够迅速通过路口时再通过,这样可以避免路口拥堵,否则将导致交叉方向绿灯的时候无法通行。但是,这个规定几乎形同虚设,交警不处罚,几乎所有的司机都会"闯绿灯",结果就是交通高峰的时候很多路口四个方向全堵,谁都走不了。再比如,中国的"路怒症"非常严重,许多司机都有类似问题,究其根源就是因为相互不遵守秩序,堵车时候的"乱插队"

就是一个典型。有些司机从别的车道突然插入，使得后面的司机延误通过甚至可能造成事故，给正常遵守秩序的被插队司机造成了不安全感和不确定性。再比如，司机在道路上乱停车，只要警察看不到、不贴罚单，就任意停放，结果就是道路的拥挤和拥堵，这就是局部、个体的短期似乎有效率却导致了整体、长期的无效率或低效率。在这一点上，中国的确要好好学习德国精神。

中国曾经一度将规避制度作为思想或理念开放的表现，说凡是法律或制度没有明确规定不能够做的事情都可以做，而不是只做法律或制度规定能够做的事情。如果将法律或制度规避作为创新，作为企业家精神的表现，似乎是能够提高效率的，但是如果这种法律或制度规避只是短期内、局部或个体受益，而造成长期、整体受损的话，这种法律规避就应当是被禁止的。

德国是世界上最发达的国家之一，无论是从数字上看其人均 GDP 水平还是其生产的产品质量。德国之所以能够在 20 世纪（包括第一次世界大战前后和第二次世界大战之后）长期保持为世界上最为发达的国家之一，之所以能够以"德国制造"闻名于世，就是其"较真"精神和严格遵守秩序的结果。这体现在德国的各行各业，无论是有监督还是没有监督，无论是技术密集型的高技术产品还是劳动密集型的产品，都是如此。因此，中国在进行供给侧管理改革，强调"培育精益求精的工匠精神"的背景下，关键是培养所有人的"较真"精神，培养人人遵守"秩序"、严格执行秩序的精神，降低由于秩序混乱所产生的高昂交易成本。只有这样，中国才能够早日实现中华民族伟大复兴的"中国梦"，才能屹立于世界强国之林。